José Luis González Santana

Los Misterios de su Revelación

José Luis González Santana

Los Misterios de su Revelación

Comentario al discurso profético de Jesús en Mateo 24-25

CREDO EDICIONES

Imprint

Cover image: www.ingimage.com

Publisher:
CREDO EDICIONES
is a trademark of
Dodo Books Indian Ocean Ltd. and OmniScriptum S.R.L publishing group

120 High Road, East Finchley, London, N2 9ED, United Kingdom
Str. Armeneasca 28/1, office 1, Chisinau MD-2012, Republic of Moldova, Europe
Printed at: see last page
ISBN: 978-613-5-61512-8

Este libro está dedicado a

mis padres:

José L. González y Madelin Santana

Prólogo

Mateo 24 y 25 representa el registro de primera mano de alguien que escuchó directamente de Jesús este "sermón profético". Este sermón es registrado en forma más breve por Marcos y Lucas (Mar. 13 y Luc. 17 y 21). Ellos, aunque inspirados por el Espíritu Santo, sin embargo, no fueron testigos presenciales del ministerio de Cristo. Además, Mateo es quien más se interesa en los discursos del Maestro, siendo Mat. 24-25 el quinto y último sermón registrado por el evangelista.[1]

El sermón profético de Cristo da continuidad a la historia del cristianismo, más allá del ministerio terrenal de Jesús, y constituye un nexo entre Daniel y Apocalipsis, puesto que Jesús se refiere al "profeta Daniel" en forma explícita (Mat. 24:15) y emplea su terminología en forma recurrente. Por otro lado, sus palabras repercuten en las visiones y audiciones recibidas por Juan en Patmos. Por lo anterior, la trascendencia de este sermón no puede exagerarse.

No obstante, las palabras proféticas de Cristo en este sermón, no han sido interpretadas en forma unánime, incluso dentro de la Iglesia Adventista del Séptimo Día. Discusiones respecto a si las preguntas que generan el sermón son dos o tres; si este sermón profético pertenece a la llamada profecía clásica o a la apocalíptica; si tiene un único cumplimiento o más de uno; desde que versículo pasa del primer siglo al "tiempo del fin", etc.

---

[1] Los otros cuatro sermones registrados por Mateo están en Mat. 5-7; 10; 13 y 18 respectivamente.

Las incógnitas anteriores, que han ocupado a los especialistas por siglos, son discutidas por el pastor José Luis González Santana, un estudioso de la profecía bíblica, y no solo las comenta, sino que propone una solución. Mientras no haya un acercamiento unánime a esta valiosa pieza literaria y profética, todo estudio sincero, profundo, respetuoso del texto y enmarcado en el historicismo será bienvenido. El lector deberá, con oración y atención, evaluar si la propuesta del pastor González es la respuesta definitiva o si es necesario seguir estudiando este mensaje del Señor Jesucristo, que compete nuestros tiempos.

Dr. Héctor Urrutia

Aparte de la licenciatura y la maestría en teología, tiene un doctorado no completado en AT. También, es médico cirujano y Dir. de Hope Medical Center en Chile. Escritor, además, de varios libros sobre apocalíptica.

Índice

Introducción

El sermón profético de Jesús ha retado la mente de los pensadores más inquisitivos. Por tanto, las investigaciones especializadas sobre estos capítulos se cuentan por miles. Estas impactan los comentarios bíblicos y llegan, de este modo, a nuestros púlpitos, pues estos libros son de más fácil acceso para el cuerpo pastoral. Allí lo esperan los feligreses motivados por conocer lo que entraña el enigmático texto de Mateo 24-25. Es en la congregación donde toda esta información cobra sentido y se traduce, finalmente, en estilo de vida.

Los hermanos de la iglesia, en no pocas ocasiones, me han preguntado sobre la razón de las diferentes interpretaciones de este pasaje, aún por eruditos adventistas. El estudiante queda sorprendido por el abanico de criterios que se maneja en el discurso homilético, y en los libros que son altamente recomendados para entender estos temas. El consenso está ausente, y las discrepancias a la orden del día.

Sin embargo, tenemos que admitir que todos, teóricamente, se llevan por los mismos principios hermenéuticos. Todos aseguran que siguen el historicismo y practican la exégesis. Pero, lo anteriormente planteado no ha dejado de generar divergencias.

No es menos cierto que, a parte de las discrepancias, también notamos un buen número de consensos. Estamos conscientes, además, de los avances que hemos tenido como denominación y de la madurez teológica alcanzada. Mateo 24-25 ha recibido parte de esos progresos.

Siendo que las cosas están así, ¿qué podemos esperar de esta obra? En el libro de Daniel se nos advirtió que el conocimiento acerca de las profecías aumentaría. Llevándonos por esa declaración, y aplicándola al sermón profético, inferimos que este es un buen tiempo para volver a considerar el discurso de Jesús.

Como denominación hemos establecido principios muy sólidos para la interpretación de la profecía. No solo esto, también tenemos muchas investigaciones sobre los textos que nos ocupan. Esa es la parte buena. La dificultad, es que no existe unanimidad sobre estos pasajes. Por tanto, el problema amerita un libro que examine las investigaciones más relevantes. En el proceso, deshacernos de las conclusiones que no se ajustan a los principios de interpretación; pero, conservar las que tienen peso. Lo que propongo es cribar, dejando solo el trigo y permitiendo a la exégesis deshacerse de la paja.

¿Qué presuposición nos mueve? Creo que todo lo que se tenía que decir sobre el discurso de Jesús ya se ha dicho. Pero las piezas no están todas juntas. Eso significa que, un comentarista hizo un aporte en su libro y, por otro lado, un investigador reveló otro detalle en su tesis. Pero, hasta ahora, pocos han tratado de aunar lo mejor de cada investigador. Nadie ha presentado un todo coherente que nos haga sentir cómodos; plenamente convencidos de que hemos llegado a un nuevo nivel de comprensión o, por lo menos, a un punto de vista fresco.

Para lograr este objetivo seguiremos una dinámica muy meticulosa. En el capítulo uno vamos a exponer la manera incorrecta de abordar este pasaje. A manera de ilustración, presentaremos como el dispensacionalismo entiende el discurso profético.

Los próximos capítulos (dos y tres) se encargarán de llegar a un consenso sobre la estructura literaria y el género. Estos asuntos son cardinales para formar la plataforma de la investigación. Es más, sin esos capítulos todo el estudio pierde sentido. Esto, por su puesto, va unido a otros tres capítulos (cuatro, cinco y seis) que buscan explicar, concretamente, Mateo 24-25. Finalmente, dedicamos el capítulo siete a las parábolas y el ocho al cumplimiento doble de la profecía.

El material con el cual trabajamos, está constituido por, lo que creemos, son los aciertos de algunos autores. Cuando unimos todas las piezas (aciertos) tenemos una imagen nueva. Esa imagen es la solución que planteamos. Por tanto, pondremos nuestra forma de ver el discurso a su consideración. Juntos, avancemos en el conocimiento de la palabra revelada.

Capítulo I: Interpretación dispensacionalista

Introducción

Me dejó desconcertado lo que me estaba diciendo aquel hermano. Estuvimos durante un fin de semana compartiendo en un evento en el Seminario Teológico Adventista de Cuba (SETAC). En algún momento, caímos en el tema de las profecías y me hizo una referencia a la importancia de la nación de Israel para los eventos finales. ¡Israel iba a desempeñar un papel destacado en el fin del tiempo!

Yo lo miraba y no sabía, a ciencia cierta, si era una broma. Pero no, no era una broma. Estaba completamente convencido de lo que creía. ¿Qué tiene que ver el concepto que el hermano me planteó con el dispensacionalismo? Más importante aún, ¿qué es el dispensacionalismo? ¿cómo afecta la interpretación del sermón profético? ¿Es compatible con la visión adventista de las profecías?

Iniciamos nuestro estudio del sermón profético de Jesús hablando de la forma incorrecta de abordar las profecías. Creo que uno de los sistemas de interpretación que más está haciéndonos daño es el dispensacionalismo. Los hermanos constantemente están consumiendo información que contiene esa teología. Inconscientemente, la incorporan a su sistema doctrinal ya que no entienden la contradicción metodológica que existe entre el historicismo y el dispensacionalismo. Por tanto, un ejercicio saludable sería ponerlo al descubierto.

Seguiremos el siguiente orden en nuestro estudio. Trataremos de bosquejar a grandes rasgos el desarrollo histórico del dispensacionalismo. Una vez que tengamos como base el desarrollo histórico, nos adentraremos en sus principales postulados y, en consecuencia, en el modo en que afectan la interpretación del discurso de Jesús. Creemos que este capítulo es vital para estar alertas en cuanto a falsos sistemas de interpretación.

Historia del dispensacionalismo

Estaba el siglo XVI casi a la mitad, el protestantismo parecía abarcar Europa. De nada habían servido los acuerdos con los protestantes; ellos no tenían fronteras, su parroquia era el mundo que perecía en tinieblas. Sin embargo, la Iglesia Católica no se quedaría con los brazos cruzados. Los eruditos estaban abogando por una serie de cambios que eran vitales si querían sobrevivir a la nueva situación histórica. Estos cambios se conocen como la Contrarreforma.

La contrarreforma

En el calor de la Reforma Protestante del siglo XVI se levantaron muchos teólogos católicos que procuraron tirar al suelo los argumentos reformados. Su idea era hacerlo solo con la Biblia. Estos eruditos estaban conscientes que la tradición era insuficiente para construir una valla doctrinal con las Escrituras. El pueblo europeo estaba experimentando un cambio filosófico que hizo temblar la silla papal.[1] Estos teólogos procuraron, de diferentes modos, quitar la vista tanto histórica como profética del Sumo Pontífice. Los dedos de los reformadores apuntaban a las profecías del anticristo y al sistema papal. Pero, todo esto cambiaría en breve tiempo.

César Baronio, historiador de la Santa Sede, para hacer frente a una obra de carácter historiográfico que los protestantes estaban realizando, escribió un libro llamado *Anales eclesiásticos*. Este volumen tenía como objetivo demostrar que los cambios doctrinales y litúrgicos que habían sido introducidos no eran herejía, sino las conclusiones a las cuales había llegado la iglesia en su sagrado oficio.[2]

A este erudito le siguieron otros como Roberto Belarmino. Belarmino, desde una perspectiva doctrinal, procuró encontrar argumentos bíblicos para defender su posición. Aunque tales argumentos acallaron las mentes de algunos vacilantes, las de los más ilustrados sabían que poco se podía hacer en contra de la teología de los reformadores. Estos argumentos redundaban y concluían en el "sagrado magisterio de la iglesia". Es decir, como teología dogmática que era no tenía mucho futuro.

España: Progenitora del futurismo

Sin embargo, el teólogo que se lleva el mérito de ser el fundador del futurismo es Francisco Ribera (1537-1591).

---

[1] El Renacimiento.

[2] Justo L. González y Carlos F. Cardoza Orlandi, *Diccionario ilustrado de intérpretes de la fe* (Terrassa, Barcelona: Clie, 2004), 58.

Este erudito jesuita es conocido por escribir una obra sobre Apocalipsis que mostraba que el papado no era el anticristo. Para lograrlo descartó el principio día por año y convirtió los 3. 5 años de Daniel 7:25 en literales.

Además, su tesis versaba sobre la aplicación de este principio a los últimos capítulos de Apocalipsis como un breve periodo de tiempo, y dejando los primeros capítulos aplicados a la Roma Pagana. De este modo, el libro profético quedó dividido en dos; una parte histórica y una escatológica o profética. Pero, el resultado final, fue que el papa ya no era el anticristo. Este personaje diabólico se levantaría al final de los tiempos, según Ribera.

Inglaterra: Cuna del futurismo

No obstante, por dos siglos la interpretación que proponía que el papado es el anticristo permaneció inconmovible entre los protestantes. No fue hasta entrado el siglo XIX que ocurrió un cambio sin precedente en la interpretación. Samuel Maitland (1792-1866) escribió un libro que procuró destruir el principio día por año para convertir, como lo había hecho Ribera, los 1260 años en un periodo literal. Esta obra significó el inicio de los primeros golpes al historicismo en el mundo moderno.

Irlanda: Tutora del futurismo

James Henthron Todd, quien era profesor de hebreo en Trinity Collage (Dublín), fue el receptor más entusiasmado de la teología de Maitland. Para el año 1838 dictó una serie de conferencias que abogaban por quitarle al papa el estereotipo de anticristo. Al igual que sus predecesores proponía que el anticristo era un personaje del futuro. Esta encarnación del mal tendría un trasfondo judío. Así, quitaba la vista del Vaticano.

Estas ideas tuvieron un impacto sin igual en sus homólogos (William Burgh). El estrecho cerco que separaba a católicos de protestantes en el Reino Unido comenzó a estrecharse. Aunque algunos de sus contemporáneos se mantuvieron firmes en su posición tradicional, la pujanza de esta nueva idea arremetería con fuerza demoledora.

Como consecuencia de esto se instituyeron lugares formales e informales para discutir la validez de las nuevas propuestas. Irlanda era un hervidero de discusiones escatológicas. Entre los encumbrados la idea se hizo cada vez más influyente. Poco a poco fue tomando forma en las manos capaces de los nuevos teólogos, siendo sistematizada con otras propuestas.

Uno de estos grupos se denominaba los hermanos Plymouth. Se caracterizaron por que "proponía retornar a las pautas neotestamentarias en cuanto a la vida de la iglesia, en oposición a la Iglesia Anglicana establecida. Rechazaban la relación Iglesia-Estado, las formas estereotipadas de adoración, y las organizaciones eclesiásticas que forzaban a los cristianos a dividirse institucionalmente en diversos grupos".[3] Entre sus líderes podemos encontrar al sistematizador, y padre de la teología dispensacionalista, John Nelson Darby.

Darby, fue el que propuso el dispensacionalismo. Aunque esta proposición ha sufrido varios cambios, en la actualidad las bases son inconmovibles. Darby:

---

[3] Pablo A. Deiros, *Diccionario Hispano-Americano de la misión* (Bellingham, WA: Logos Research Systems, 2006).

(...) había nacido en Londres y fue educado en el Trinity College. Comenzó a ejercer como abogado en Irlanda del Norte cuando tenía 22 años. Después de su conversión, se sintió llamado al ministerio y, con gran celo, desempeñó los oficios de diácono y de presbítero dentro de la Iglesia Anglicana, llevando a cabo un avivamiento espiritual entre sus feligreses y sus vecinos catolicorromanos. Sin embargo, se sintió desilusionado al percibir el fuerte contraste entre la laxitud moral y espiritual de las iglesias de su tiempo y la vitalidad espiritual de los primeros cristianos, según lo vemos en Hechos. Como consecuencia, Darby abandonó el anglicanismo en 1828 y se unió al movimiento de los Hermanos.[4]

Para 1960 ya estaba madura su nueva concepción y comenzó una serie de viajes a los Estados Unidos. Entre 1869-1874 realizó varias travesías que resultaron fructíferas. América parecía un campo en el que germinaba toda semilla; Darby tenía suficiente como para plantar todo el continente. Sus conferencias fueron aceptadas con entusiasmo, pero, una Biblia lo mejoró todo.

Estados Unidos: Proclamador del futurismo

Cyrus Ingerson Scofield recibió la influencia del dispensacionalismo de su mentor, el pastor James H. Brookes. Para la época muchas de las congregaciones de tendencia fundamentalista habían aceptado el dispensacionalismo. Por tanto, se estaba estableciendo como la máxima herramienta hermenéutica para entender las Escrituras.

---

[4] Francisco Lacueva, *Diccionario teológico ilustrado* (Tarrasa, Barcelona: Clie, 2001), 218-219.

Scofield comenzó un proyecto único, crear una Biblia con los comentarios incluidos en ella. Hasta ese momento las Biblias y los comentarios habían circulado de forma separada. Para el estudiante de las Escrituras suponía una herramienta vital la unidad de ambos materiales para hacer la obra de Dios. Pero, también se corría un riesgo, como veremos más adelante.

La Biblia que se usó para este trabajo fue la King James. El monumental proyecto de Scofield incluía ponerle un sistema de referencia cruzada para que el estudiante pudiera conectar los textos. Además, se le añadió el cálculo que realizó el arzobispo James Ussher. Este cálculo, como bien se conoce, sitúa la fecha de la creación en el año 4004, basado en las genealogías de Génesis. Pero, la máxima herramienta fue incluir el dispensacionalismo dentro del libro de Apocalipsis.[5]

Esto trajo como resultado que todos los que compraron la edición se vieron expuestos a este modo de entender los Textos Bíblicos. Es válido notar que para la época Scofield le había hecho varias modificaciones al "dispensacionalismo de Darby", pero su esencia era la misma. La Biblia anotada Scofield se convirtió en un éxito de venta y con ella el Darbyismo.

---

[5] Su interpretación se hizo muy popular por medio de conferencias bíblicas que se celebraban a través de los Estados Unidos. (…) La Biblia ha sido traducida a varios idiomas y ha sido uno de los medios principales para la divulgación de la interpretación dispensacionalista de la Biblia, particularmente en América Latina. Ver: González, *Diccionario ilustrado de intérpretes de la fe*, 414.

Scofield tuvo varios discípulos, entre ellos Lewis Sperry Chafer. Chafer, eventualmente fundó un seminario (hoy, Dallas Theological Seminary). Este es el mayor órgano de difusión del dispensacionalismo en el mundo. El seminario tiene como objetivo realizar estudios avanzados con los máximos eruditos dispensacionalistas para fundamentar sus argumentos.

Implicaciones para la profecía

De esta manera, el dispensacionalismo existe y trasciende las fronteras denominacionales. Su modesto inicio contrasta con su gran difusión en el mundo actual. Ahora tenemos que analizar brevemente sus postulados y así poder entender el modo en que afecta la interpretación escatológica.

Literalismo

El literalismo interpreta los conceptos de modo normal (según ellos). Es decir que, en lugar de "espiritualizar" las cosas, las aceptan de modo exacto. Un ejemplo sería el asunto de la identidad de los 144. 000, veamos:

¿Puede considerarse a los 144.000 no convertidos durante todos los años de la Tribulación? La respuesta es sí. Uno puede mantener cualquier interpretación que desee. La cuestión no es si se puede interpretar de esa manera, sino, más bien, si es razonable hacerlo. ¿Qué dice el texto de Apocalipsis 7:1-8?

Afirma dos hechos muy significativos: los 144.000 tienen "el sello del Dios vivo" (v. 2) y son los "siervos de nuestro Dios" (v. 3) El texto no dice específicamente *cuál* es su servicio, pero sí a *Quién* sirven. Ellos sirven a Dios, no al anticristo. ¿Hemos de imaginamos aquí a un grupo de 144.000 personas no salvas designados como los siervos de Dios? Los postribulacionista débilmente explican que la designación es anticipatoria de su servicio milenial, cuando ellos se hayan convertido. Cualquier explicación es posible, pero ¿es el significado más probable del texto? Ciertamente no.[6]

Interpretación futurista de Apocalipsis

El Apocalipsis está dividido en dos partes fundamentales. La primera tiene que ver con la iglesia en los días de Juan, abarca del capítulo 2 al 3. Esta sección comúnmente se denomina "las cosas que son". Luego encontramos los capítulos 4 al 22. Esta sección, conocida como "las cosas que han de ser", explica lo que sucederá en la última semana de la profecía de las 70 semanas de Daniel. Este es un periodo que comprende siete años de la gran tribulación y el establecimiento del reino milenial de Cristo.

Pretribulacionismo

El concepto de la pretribulación es simple. Esta opinión postula que Cristo aparecerá antes de la gran tribulación. Generalmente "se ha aceptado que la expresión "sube acá" (Ap 4:1) habla de un evento repentino, algo así como un rapto. Se infiere entonces que Juan es un tipo de la iglesia que será raptada o arrebatada al cielo antes de que la ira de

---

[6] Charles Caldwell Ryrie, *Teología básica* (Miami: Unilit, 2003), 562-563.

Dios se cierna sobre el mundo".[7] Por este medio, la iglesia se ausenta de la tierra durante este periodo.

Israel y la Iglesia

En este tipo de teología hay una distinción entre Israel y la iglesia. Ellos mantienen a cada pueblo separado, pero unidos en el plan de Dios. La iglesia supone un interludio por la negación de Israel de seguir a Jesús. Pero, finalmente el Señor tiene que cumplir con las promesas hechas a cada pueblo. En esta propuesta se infiere que "el uso de las palabras Israel e Iglesia nos muestra claramente que en el Nuevo Testamento el Israel nacional continúa con su propia promesa y la Iglesia nunca es igualada con un "nuevo Israel" así llamado, pero cuidadosa y continuamente se distingue como una obra de Dios para esta época".[8]

Cuando Apocalipsis menciona a Israel no se está refiriendo a la iglesia. Además, los escenarios que se describen como Éufrates y Egipto, refieren el elemento espacial donde ocurrirán los eventos proféticos. Esto, como se ha señalado antes, se debe a la interpretación literalista de las Escrituras.

Premilenialismo

Sobre este concepto, se postula que "después de la tribulación Cristo vendrá a la tierra a establecer su reinado

---

[7] Kittim Silva, *Apocalipsis: La revelación de Jesucristo* (Barcelona, España: Clie, 1985), 53.

[8] Charles Caldwell Ryrie, *El dispensacionalismo hoy* (Barcelona, España: Portavoz, 1974), 80.

milenial. Durante este reinado las promesas a Israel se cumplirán en la tierra. Al acabar el milenio vendrá el juicio final y el reino eterno de Dios".[9]

Explicación de Mateo 24-25

Una vez que hemos entendido la historia y las principales presuposiciones con que el dispensacionalismo aborda las Escrituras, es necesario que expliquemos como impactan estas ideas la interpretación de Mateo 24-25. Antes de adentrarnos en la forma de concebir los capítulos mencionados, nos detendremos en una explicación de la última semana de la profecía de Daniel 9. Solo cuando comprendamos lo que ellos entienden por la gran tribulación de siete años, es que veremos claramente su interpretación del sermón de Jesús.

Explicación de la última semana

Para poder entender la perspectiva del discurso profético de Jesús que tienen los pensadores dispensacionalistas, primero hay que contemplar el panorama completo que tienen de la escatología. Esto solo puede ocurrir tras haber visto que ellos tienen que decir sobre la profecía de Daniel 9:24-27. Veamos como lo describen:

> Mientras Daniel oraba por su pueblo y su ciudad, el ángel Gabriel llegó con la misión de informarle que Dios iba a tener 490 años (setenta "semanas") de trato especial con Israel. Cuando los 490 años transcurrieran, Dios habría cumplido seis

---

[9] González, *Diccionario ilustrado de intérpretes de la fe*, 414.

grandes objetivos relacionados con Israel. Se dijo a Daniel que después que terminara la sexagésimo novena semana y antes que comenzara la septuagésima, tendrían lugar dos sucesos significativos: (1) se quitaría la vida al Mesías, y (2) el templo de Jerusalén sería destruido. Como la historia lo confirma, las sesenta y nueve semanas han transcurrido, se dio muerte al Mesías y Jerusalén fue destruida. Pero lo que aún no han tenido lugar son los siete años finales (una "semana") de trato especial de Dios con Israel. Estos siete años finales aún son futuros, pero no comenzarán hasta que se firme el pacto entre Israel y el anticristo.[10]

Básicamente, se separa la última semana de las otras proyectándola hacia un tiempo en el futuro. La última semana es la más importante porque precede a la segunda venida. ¿Cuál es el propósito de este tiempo? Según los que sostienen esta postura, hay dos motivos[11] principales: Castigar a las naciones y convertir al cristianismo a la nación de Israel. Sin embargo, antes de que Jesús regrese deben ocurrir una serie de eventos. Todos ellos son enmarcados en esa última semana. Todo el concepto escatológico dispensacionalista se articula en esos siete años. Ese periodo suele ser dividido en tres, como se evidencia en la siguiente tabla.

---

[10] Paul N. Benware, *Entienda la profecía de los últimos tiempos: Un estudio exhaustivo*, trad. Rosa Pugliese (Estados Unidos de América: Portavoz, 2010), 274.

[11] (…) aunque es cierto que no ha revelado todos sus propósitos para con este período de setenta años, ha dado dos razones principales para la existencia de este período de tiempo. Ver: Benware, *Entienda la profecía de los últimos tiempos,* 274.

Tabla # 1: La tribulación según el dispensacionalismo

Los 7 años de tribulación según Benware[12]	
Los primeros tres años y medios	• Cuando la tribulación comience, Israel estará de nuevo en su antigua tierra. • Los juicios de Dios comienzan cuando Cristo rompe los sellos del rollo (Ap. 5:1-6:1). • El anticristo firma un pacto para proteger a Israel. • Las religiones en el mundo continúan existiendo. • En el contexto de las catástrofes muchos regresan al Dios verdadero.
Punto medio	• El anticristo muere y resucita. • Satanás es expulsado del cielo.
Los últimos tres años y medios	• Israel es perseguido ya que se rompe el pacto con el anticristo. • El anticristo domina el mundo. • Se predica el evangelio a todo el mundo. • Los dos testigos predican la proximidad de la venida de Jesús. • Caen las trompetas y las copas. • Segunda venida y derrota de los enemigos de Dios.

[12] Benware, *Entienda la profecía de los últimos tiempos*, 371-396.

Los dos capítulos de Mateo que estamos considerando se abordan, entonces, con esta perspectiva en mente. La presuposición es que, en el sermón profético, Jesús "está tratando con asuntos relativos a Israel, no a la iglesia".[13] Se argumenta que "los discípulos no sabían nada (en ese momento) acerca de la era de la iglesia, por lo que sus preguntas no eran acerca de la era de la iglesia. En su respuesta, Jesús habló de cosas que implicaban a los judíos, tales como el día de reposo (24:20), aquellos que vivían en Judea (24:16), la abominación desoladora (24:15), el evangelio del reino (24:14) y la presencia de falsos profetas (24:11), lo cual sería un problema para Israel (los falsos maestros serían un problema para la iglesia). En vista de ello, no deberíamos atribuir el discurso del monte de los Olivos a la era de la iglesia, aunque algunos lo hagan en 24:4-8".[14]

Si seguimos la línea de argumentación anterior, todo el discurso encaja en la última semana (siete años). Pero, no debemos inferir que todos los autores dispensacionalistas están de acuerdo sobre cada detalle de la profecía:

> Los escritores pretribulacionistas, en general, concuerdan en que el discurso del monte de los Olivos habla realmente del futuro; que 24:15-28 se refiere a la segunda mitad de la tribulación y que 24:29-31 mira a la segunda venida. Hay cierto desacuerdo acerca de dónde cabe 24:4-14 en la tribulación. Algunos ven esto como una visión general de todo el período,

---

[13] Benware, *Entienda la profecía de los últimos tiempos*, 341.
[14] Benware, *Entienda la profecía de los últimos tiempos*, 341.

con 24:4-8 tratando la primera mitad y 24:9-14, la segunda mitad de la tribulación. Otros consideran que 24:4-14 hace referencia solo a la primera mitad.[15]

Benware propone que los versos 24:4-14 están haciendo referencia a la primera parte de la gran tribulación. Por otro lado, los versos 24:15-28 se concentran en la segunda parte. Así la profanación del templo es la señal para que el pueblo judío escape de Israel. Finalmente, los versos 24:29-31 apuntan hacia la segunda venida.

Conclusión

En este capítulo hemos realizado un pequeño análisis del futurismo y de su corriente actual denominada dispensacionalismo. Como se ha notado, el dispensacionalismo es un sistema de interpretación. Su impacto no se limita a la escatología, sino que afecta a toda la Escritura. Sin embargo, nuestro énfasis ha sido mostrar sus características y ver como incide en la interpretación de Mateo 24-25. La intención de este capítulo es exponer cuales son las presuposiciones de estos teólogos. No es simplemente decir que Israel juega un papel importante, sino ver a gran escala las implicaciones de este razonamiento.

Bibliografía

Benware, Paul N. *Entienda la profecía de los últimos tiempos: Un estudio exhaustivo.* Traducido por

[15] Benware, *Entienda la profecía de los últimos tiempos*, 342.

Rosa Pugliese. Estados Unidos de América: Portavoz, 2010.

Caldwell Ryrie, Charles. *Teología básica*. Miami: Unilit, 2003.

___________________. *El dispensacionalismo hoy*. Barcelona, España: Portavoz, 1974.

Deiros, Pablo A. *Diccionario Hispano-Americano de la misión*. Bellingham, WA: Logos Research Systems, 2006.

González, Justo L. y Carlos F. Cardoza. *Diccionario ilustrado de intérpretes de la fe*. Terrassa, Barcelona: Clie, 2004.

Lacueva, Francisco. *Diccionario teológico ilustrado*. Tarrasa, Barcelona: Clie, 2001.

Silva, Kittim. *Apocalipsis: La revelación de Jesucristo*. Barcelona, España: Clie, 1985.

Capítulo II: Estructura literaria del sermón

Introducción

Uno de los mayores defectos que encontramos en las investigaciones actuales, es que no se considera con atención la estructura literaria del pasaje que se está analizando. Esto es tan generalizado que hasta en autores consagrados hallamos estos problemas. Pero, ¿cuál es el riesgo que se corre?

La estructura literaria responde al modo en que el autor inspirado le dio forma a su escrito. La forma de organización, en no pocas ocasiones, es la llave para entender el texto de manera general. Una idea errada en cuanto a la organización tiene serias repercusiones en la manera de abordar cualquier texto, ya que se convierte en una presuposición que guía al intérprete.

Lo que hemos mencionado es básico a la hora de entender el discurso de Jesús. La estructura que utilizó el evangelista ha sido investigada por diversos eruditos y pastores. Entre los adventistas se han adoptado dos posturas muy bien definidas. La primera propone que los discípulos le hicieron dos preguntas. La segunda dice que, en realidad, le hicieron tres. Como se puede inferir, esto genera dos maneras de entender la profecía. ¿Cuál postura es la correcta? ¿Qué implicaciones tiene para la interpretación del pasaje?

La postura de las dos preguntas

Cuando leemos los comentarios sobre Mateo 24-25 notamos que algunos entienden que los discípulos hicieron dos preguntas. Estas están relacionadas con dos eventos diferentes (la destrucción del templo y el fin del mundo). Basados en este punto de vista, ven en la respuesta de Jesús una mescla que describe ambos eventos. Desde esta perspectiva lo ve Lorondelle:

> Muy poco tiempo después, mientras estaba sentado en el monte de los Olivos, algunos de sus discípulos le preguntaron en privado: "Dinos, ¿cuándo serán estas cosas, y que señal habrá de tu venida y del fin del siglo?" (Mat. 24:3). Estas preguntas se relacionan con dos acontecimientos diferentes. Sin embargo, en la mente de los discípulos, eso no estaba diferenciado en el tiempo como "la destrucción de Jerusalén" por un lado y "la segunda venida de Cristo" para juzgar al mundo por el otro. Sin embargo, en la opinión de Cristo, el juicio inminente sobre Jerusalén y el juicio final del mundo tienen un rasgo básico en común: ambos juicios son realizados por el mismo Dios del pacto.[1]

En esencia, "en su juicio de Jerusalén, Cristo le proporcionó al mundo un ejemplo de su juicio futuro. No trazó una línea marcada de separación entre el juicio contemporáneo de Jerusalén y el juicio del tiempo del fin. Ambos están descritos como si estuvieran entrelazados".[2] Intuitivamente, se puede inferir que, desde "la perspectiva

---

[1] Hans K. Lorondelle, *Las profecías del fin: Un enfoque contextual bíblico*, trad. David P. Gullón (Argentina: ACES, 1999), 46.

[2] Lorondelle, *Las profecías del fin*, 46-47.

profética se omite deliberadamente la separación cronológica. El principio tipológico sólo tiene el propósito de enseñar que en la destrucción de Jerusalén se prefigura el juicio apocalíptico del mundo".[3]

Es por esta razón que se habla de una especie de tipología. Los juicios contra Jerusalén responden a los mismos criterios que el juicio final contra este mundo. El problema es, sugieren los que adoptan esta postura, que ambos grupos de individuos han rechazado al Mesías. Bajo esta premisa, Veloso explica:

> Su respuesta tiene varias secciones que reflejan la alternancia de las profecías relacionadas con el fin del tiempo y las que anuncian la destrucción de Jerusalén. Hay una secuencia desde la destrucción de Jerusalén hasta el fin del mundo, y la primera sirve de tipo para la segunda. Algunas señales sobre la destrucción de Jerusalén se repiten para el fin del mundo.[4]

Si uno asume que los discípulos realizaron dos preguntas, entonces el razonamiento al que se llega es el que acabamos de describir. Pero esto crea una especie de dualidad que se refleja en muchos libros que se han escrito abordando este tema. Esa dualidad no permite ver, hasta cierto punto, que es lo que realmente está queriéndonos decir Jesús. Por eso tienen que admitir que "es difícil, sin embargo, decir dónde termina una respuesta y comienza la

---

[3] Lorondelle, *Las profecías del fin*, 47.

[4] Mario Veloso, *Mateo: Contando la historia de Jesús Rey* (Argentina: ACES, 2006), 230.

otra".[5] ¿Será buena esta incertidumbre para la interpretación?

Todo esto nos lleva a preguntarnos, ¿existe una postura alternativa? ¿Puede ser que no sean dos preguntas? Estas cuestiones se pueden responder de manera positiva. Eso significa que otros autores no han visto dos preguntas, sino tres. Esa perspectiva cambia totalmente el panorama, pues asegura resolver el problema de la estructura literaria que empleó Mateo.

La postura de las tres preguntas

Otro grupo de pensadores han visto en las declaraciones de Jesús tres preguntas que generaron, por ende, tres respuestas. Se puede decir que en el versículo 3 encontramos tres interrogantes muy bien definidas: (1) ¿Cuándo será destruido el templo? (2) ¿Cuál será la señal de su regreso? (3) ¿Cuál será la señal del fin del siglo? Básicamente, "para ellos, el templo era el centro de la existencia terrenal. Se les hacía imposible pensar de un mundo sin el gran templo de Jerusalén. El paso del tiempo ha demostrado que su posición de que estos eventos ocurrirían al mismo tiempo estaba errada, pero en ese momento no advirtieron su equivocación".[6] Así mismo lo entiende Rodríguez, y posteriormente Delgado:

---

[5] Ady Nash, *Sálvanos, Hijo de David*, trad. Enrique González (Florida, EE.UU.: IADRA, 2016), 67.

[6] George R. Knight, *Mateo: El Evangelio del Reino*, trad. Tulio N. Peverini y Miguel A. Valdivia (Estados Unidos: Pacific Press Publishing Association, 1997), 234.

Tan pronto como llegaron al monte, en una conversación privada, le hicieron varias preguntas, La primera: "¿Cuándo serán estas cosas (la destrucción del templo)?" La segunda: "¿Qué señal habrá de tu venida?" Y finalmente: ¿Y (cuál será la señal) del fin del mundo? (Mat. 24:3). Ellos no cuestionaron la veracidad de la profecía, sino que s e interesaron en el elemento tiempo, quizá porque identificaban inmediatamente la destrucción de Jerusalén con el momento cuando Dios establecería su reino sobre la tierra. (…) Las tres preguntan hechas por los discípulos forman la estructura básica del sermón apocalíptico de Jesús. Luego el sermón concluye con una exhortación a estar listos y velar.[7]

Los discípulos formularon tres preguntas en una (la última parte contiene dos preguntas divididas por la conjunción «y»): 1) ¿Cuándo será la destrucción del Templo? 2) ¿Qué señal (gr. sēmeion) habrá de tu venida? 3) ¿Qué señal habrá del fin del mundo? Estas preguntas no carecen de sentido, pues ya en el capítulo anterior Jesús había pronunciado las solemnes palabras: «Vuestra casa os es dejada desierta» (Mt 23: 38). A esta desolación, se le sumó la predicción: «no quedará aquí piedra sobre piedra que no sea derribada».[8]

Estos autores que hemos citado difieren de la postura anterior de las dos preguntas. Sin embargo, mantienen que los eventos están mesclados, es decir, la destrucción del templo y del fin del mundo. De modo general se puede argumentar que ellos no ven ningún inconveniente al sugerir que son tres preguntas y a la misma vez mantener

---

[7] Ángel M. Rodríguez, *Fulgores de gloria: Las ocho profecías escatológicas más importantes de la Biblia*, trad. Benjamín García (Buenos Aires, Argentina: ACES, 2001), 84.

[8] Héctor A. Delgado, *El Discurso Profético de Jesús: Relevancia histórica y actual* (Bronx, NY: Grafe Publishers, 2021), 16.

la idea que la destrucción del templo es, en realidad, una figura o símbolo del fin del mundo.

Bosquejo basado en las tres preguntas

En resumen, creemos que el modelo que propone que la profecía está basada en tres preguntas es el correcto. Esto es así, ya que "la pregunta de los discípulos tiene tres componentes: (1) ¿Cuándo tendría lugar la destrucción de Jerusalén? (2) ¿Qué señal habría de la (Segunda) Venida de Jesús? (3) ¿Qué señal habría del fin del mundo? En la mente de los discípulos, las tres preguntas se referían a un solo evento".[9] No obstante, no estamos de acuerdo en mesclar los eventos, como estos autores sugieren.

En fin, cualquier modelo que los investigadores sigan debe tomar en cuenta esto. El sermón de Jesús es, básicamente, la respuesta a varias interrogantes. Además, Jesús fue quien escogió el orden de ellas para darle respuesta. De este modo, la organización de la profecía responde a una intencionalidad. Proponemos el siguiente bosquejo:

I. Introducción.
   A. Conversación en el templo (Mat. 24:1-2).
   B. Conversación en el monte de los Olivos (Mat. 24:3).
II. Respuesta a la tercera pregunta: ¿Qué señal habrá del fin del siglo? (Mat. 24:4-14).
   A. Preámbulo.

---

[9] Daniel Carro, *Comentario bíblico mundo hispano Mateo* (El Paso, TX: Mundo Hispano, 1993), 307.

1. Falsos cristos (Mat. 24:4-5).
2. Guerras (Mat. 24:6 a).
3. Hambrunas y catástrofes (Mat. 24:6 b-8).
4. Entregados a tribulación (Mat. 24:9-10).
5. Falsos profetas (Mat. 24:11).
6. Se enfriará el amor (Mat. 24:12).

B. Señal del fin del siglo: Predicación del evangelio (Mat. 24:14).

III. Respuesta a la primera pregunta: ¿Cuándo serán estas cosas? (Mat. 24:15-20).

A. Señal de la abominación (Mat. 24:15).
B. Advertencias (Mat. 24:16-20).

IV. Respuesta a la segunda pregunta: ¿Qué señal habrá de tu venida? (Mat. 24:21-25).

A. Señal de la segunda venida (Mat. 24:21-31).
1. Gran Tribulación (Mat. 24:21-22).
2. Falso Cristo y falsos cristos (Mat. 24:23-28).
3. Señales en los astros después de la gran tribulación (Mat. 24:29).
4. Señal del Hijo del hombre y lamento de los impíos (Mat. 24:30).
5. Recogida de los justos (Mat. 24:31).

V. Parábolas (Mat. 24:32 al 25:30).

A. La higuera (Mat. 24:32-36).
B. Los días de Noé (Mat. 24:37-39).
C. Dejados y tomados (Mat. 24:40-42).
D. El padre de familia (Mat. 24:43-44).
E. El siervo fiel y el infiel (Mat. 24:45-51).
F. Parábola de las diez vírgenes (Mat. 25:1-13).
G. Parábola de los talentos (Mat. 25:14-30).

VI. Juicio de las naciones (Mat. 25:31-46).

Un análisis cuidadoso del modo en que Jesús contestó las preguntas revela que las dos últimas están unidas. Una habla del fin del siglo y la otra de la señal del fin del mundo (¿(…) y qué señal habrá de tu venida, y del fin del siglo?). Parafraseando la pregunta: "Danos una indicación de que el fin del siglo está cerca y también una de tu venida". Aunque normalmente uno responde en el orden en que le hacen la pregunta, Jesús prefirió explicar el asunto de la destrucción del templo en el centro (¿cuándo serán estas cosas (…)?). Al principio colocó el asunto de la señal del fin del siglo (última pregunta) y al final describió las señales de su venida. ¿Por qué semejante estructura?

Las preguntas de los apóstoles estaban mal organizadas, desde una perspectiva cronológica. En primer lugar, debe venir la señal del fin del siglo. Luego, lo relacionado con el templo; finalmente, las señales de la segunda venida. Así, Mateo 24-25 es una especie de sándwich. Las dos tapas revelan los acontecimientos que tienen que ver con el final de la historia (fin del siglo y fin del mundo). Lo del medio, las señales que presagian la destrucción del templo.

Tabla # 2: Distribución de las preguntas I

Termina con el evangelio predicado al mundo	Los ejércitos romanos (abominación)	Comienza con la Gran tribulación
¿Qué señal habrá del fin del siglo? (Mat. 24:4-14)	¿Cuándo serán estas cosas? (Mat. 24:15-20)	¿Qué señal habrá de tu venida? (Mat. 24:21-25)

Un análisis llano nos lleva a inferir que, mientras que la primera pregunta marca un tiempo cuando la predicación del evangelio será mundial, la tercera referencia describe los acontecimientos que ocurren antes de la segunda venida. Una cuestión importante es determinar si la última explicación que Jesús da se está refiriendo a las señales que lo acompañarán o a señales que anunciarán con antelación (años) su regreso.

El quiasmo de las preguntas

Han existido muchas tentativas de estructurar el discurso de Jesús. La idea de que el discurso está montado, y se desarrolla, sobre la base de tres preguntas está ampliamente comprobado. Una lectura casual al discurso lo revela. Por tanto, vamos a sugerir, basados en que el discurso en su totalidad está fundado en tres preguntas, que ninguna estructura que rompa con esta idea básica puede ser considerada genuina.

Así que, teniendo en cuenta lo anteriormente mencionado, y descartando las secciones de las parábolas y el juicio, se puede notar cierta repetición. Dicho un poco diferente, cuando trabajamos con los versos del cuatro al treinta y uno, concretamente los versos que responden a las preguntas, notamos que se desarrollan ciertas ideas paralelas entre la tercera pregunta (¿Cuál es la señal del fin del siglo?) y la segunda (¿Cuál es la señal de tu venida?). Pero, la primera pregunta no está relacionada con las otras dos, temáticamente hablando. A ese tipo de estructura se le llama quiasmo. Los autores bíblicos lo usaban para resaltar el punto más importante, en este caso la abominación desoladora. Veamos la tabla siguiente para notar las relaciones.

Tabla # 3: El quiasmo de las preguntas

Tercera pregunta: ¿Cuál es la señal del fin del siglo?	
Sección I: Énfasis en los falsos cristos y en las guerras	4Mirad que nadie os engañe. 5Porque vendrán muchos en mi nombre, diciendo: **Yo soy el** **Cristo**; y a muchos engañarán. 6Y oiréis de guerras y rumores de guerras; mirad que no os turbéis, porque es necesario que todo esto acontezca; pero aún no es el fin. 7Porque se levantará nación contra nación, y reino contra reino; y habrá pestes, y hambres, y terremotos en diferentes lugares. 8Y todo esto será principio de dolores.
Sección II: Énfasis en la persecución	9Entonces os **entregarán a tribulación**, y **os** **matarán, y seréis aborrecidos de todas las** **gentes por causa de mi nombre**. 10Muchos tropezarán entonces, y se entregarán unos a otros, y unos a otros se aborrecerán. 11Y muchos falsos profetas se levantarán, y engañarán a muchos; 12y por haberse multiplicado la maldad, el amor de muchos se enfriará.
Sección III: Énfasis en el fin del siglo	13Mas el que persevere **hasta el fin**, éste será salvo. 14Y será predicado este evangelio del reino en todo el mundo, para testimonio a todas las naciones; y entonces vendrá el fin.
Primera pregunta: ¿Cuál es la señal del fin del templo?	
Centro del discurso	15Por tanto, cuando veáis en el lugar santo la abominación desoladora de que habló el profeta Daniel (el que lee, entienda), 16entonces los que estén en Judea, huyan a los montes. 17El que esté en la azotea, no descienda para tomar algo de su casa; 18y el que esté en el campo, no vuelva atrás para tomar su capa. 19Mas ¡ay de las que estén encintas, y de las que críen en aquellos días! 20Orad, pues, que vuestra huida no sea en invierno ni en día de reposo;

Segunda pregunta: ¿Cuál es la señal de tu venida?	
Sección I: Énfasis en la persecución	[21]porque habrá entonces **gran tribulación**, cual no la ha habido desde el principio del mundo hasta ahora, ni la habrá. [22]Y si **aquellos días no fuesen acortados, nadie sería salvo**; más por causa de los escogidos, aquellos días serán acortados.
Sección II: Énfasis en los falsos cristos	[23]Entonces, si alguno os dijere: Mirad, **aquí está el Cristo**, o mirad, allí está, no lo creáis. [24]Porque se levantarán **falsos Cristos**, y falsos profetas, y harán grandes señales y prodigios, de tal manera que engañarán, si fuere posible, aun a los escogidos. [25]Ya os lo he dicho antes. [26]Así que, si os dijeren: Mirad, está en el desierto, no salgáis; o mirad, está en los aposentos, no lo creáis.
Sección III: Énfasis en el fin del mundo	[27]Porque como el relámpago que sale del oriente y se muestra hasta el occidente, así será también **la venida del Hijo del Hombre**. [28]Porque dondequiera que estuviere el cuerpo muerto, allí se juntarán las águilas. [29] E inmediatamente después de la tribulación de aquellos días, el sol se oscurecerá, y la luna no dará su resplandor, y las estrellas caerán del cielo, y las potencias de los cielos serán conmovidas. [30]Entonces aparecerá la señal del Hijo del Hombre en el cielo; y entonces lamentarán todas las tribus de la tierra, y verán al **Hijo del Hombre viniendo sobre las nubes del cielo**, con poder y gran gloria. [31]Y enviará sus ángeles con gran voz de trompeta, y **juntarán a sus escogidos**, de los cuatro vientos, desde un extremo del cielo hasta el otro.

Como se puede observar, dividimos la tercera y la segunda pregunta en tres partes. Ellas nos ayudan a entender mejor el orden temático del discurso. Aunque la sección I de la tercera pregunta su énfasis es en los Falsos Cristos, y en la sección I de la segunda pregunta el énfasis es la tribulación (hay una inversión de temas), no afecta ya que el quiasmo es entre las preguntas, no entre las secciones dentro de las preguntas. Lo evidente, es que estas preguntas que estamos analizando contienen los mismos temas, y esto se nota en términos que se repiten; aunque, lo distribuyen de modo diferente. Considerémoslo desde esta perspectiva:

A. **Tercera pregunta**: Falsos Cristos (v. 4-5), Guerras (v. 6-8), Tribulación y Falsos Profetas (v. 9-12) y El fin del siglo (v. 13-14).

B. **Primera pregunta**: La abominación desoladora (v. 15-20).

A'. **Segunda pregunta**: Tribulación (v. 21-22), Falsos Cristos y Falsos Profetas (v. 23-26) y El fin del mundo (v. 27-31).

Ahora bien, el centro del quiasmo es la temática de la abominación desoladora. Eso significa que esto es lo más importante que el evangelista deseaba enfatizar. La abominación desoladora es un concepto tomado del profeta Daniel y, además, tiene dos significados en diferentes partes de su libro. La primera connotación está relacionada con la destrucción del templo (Dn. 9:27). La segunda se desarrolla en Daniel 11:31. Esta, busca describir el modo en que la supremacía papal opacó el ministerio sacerdotal de Cristo.

Conclusión

La intención de este capítulo era resolver dos cuestiones fundamentales. La primera estaba relacionada con una idea muy aceptada. Nos estamos refiriendo a que los discípulos le hicieron a Jesús dos preguntas. De esa interpretación, luego se asume que la destrucción de Jerusalén es una figura de la destrucción del mundo. De esta manera, la condición social y espiritual que existía entre los judíos hacia finales del primer siglo, prefigura la de la última generación de personas que existan en el planeta. Pero, al contrario de lo planteado, llegamos a la conclusión de que el discurso está montado sobre la base de tres preguntas.

Una segunda cuestión también fue abordada. Hemos notado que la explicación que Jesús le dio a los discípulos fue organizada, para responder, en orden contrario. Eso significa que existe una intencionalidad en la organización de las respuestas. Hay un quiasmo que destaca en su centro a la abominación desoladora. Si bien hemos dado un paso de avance, es necesario que nos detengamos en el género literario.

Bibliografía

Carro, Daniel. *Comentario bíblico mundo hispano Mateo*. El Paso, TX: Mundo Hispano, 1993.

Delgado, Héctor A. *El Discurso Profético de Jesús: Relevancia histórica y actual*. Bronx, NY: Grafe Publishers, 2021.

Knight, George R. *Mateo: El Evangelio del Reino*. Traducido por Tulio N. Peverini y Miguel A. Valdivia. Estados Unidos: Pacific Press Publishing Association, 1997.

Lorondelle, Hans K. *Las profecías del fin: Un enfoque contextual bíblico*. Traducido por David P. Gullón. Argentina: ACES, 1999.

Nash, Ady. *Sálvanos, Hijo de David.* Traducido por Enrique González. Florida, EE.UU.: IADRA, 2016.

Rodríguez, Ángel M. *Fulgores de gloria: Las ocho profecías escatológicas más importantes de la Biblia*. Traducido por Benjamín García. Buenos Aires, Argentina: ACES, 2001.

Veloso, Mario. *Mateo: Contando la historia de Jesús Rey*. Argentina: ACES, 2006.

Capítulo III: La polémica sobre el género

Introducción

El sermón profético de Jesús ha sido abordado por los adventistas de diferentes modos. Dentro de las filas de los estudiosos de la profecía se discuten dos grandes teorías y, dentro de cada "escuela", existen también divergencias. Analicemos cada propuesta.

La primera teoría aboga por un cumplimiento dual o, como prefieren llamarlo algunos, bifocal. Básicamente, se propone que Jesús entrelazó la profecía de la destrucción del templo con su regreso. Veamos la declaración de Lorondelle sobre este tema:

> Esta correspondencia esencial de ambos juicios implica tipología, algo asociado con los profetas clásicos. Esto significa que Jesús consideró el inminente día del Señor para Jerusalén como un tipo de aviso del juicio del mundo. En armonía con la profecía clásica de Israel, Cristo también combinó los dos juicios divinos en una perspectiva profética bifocal.[1]

Lorondelle, añade la idea de que Mateo 24-25 no es apocalíptico, sino que pertenece a la profecía clásica. Esto pone en el tablón de juego una premisa muy importante. Estamos hablando de determinar el tipo de profecía al que

---

[1] Hans K. Lorondelle, *Las profecías del fin: Un enfoque contextual bíblico*, trad. David P. Gullón (Argentina: ACES, 1999), 46.

pertenece el pasaje. Declinarse por uno u otro, estriba en las pautas exegéticas que hay que seguir para interpretar posteriormente.

Además de lo comentado, Lorondelle sugiere que los evangelistas usaron diferentes variantes de la profecía para escribir el sermón. Lo explica del siguiente modo:

> Mientras que Mateo y Marcos siguen la estructura de una perspectiva profética doble o bifocal, la descripción de Lucas del discurso de Jesús se caracteriza más por una sucesión directa de acontecimientos históricos. Mateo y Marcos representan la perspectiva tipológica de la profecía clásica de los profetas de Israel con su escala de tiempo condensada. Sin embargo, Lucas elige seguir el modelo continuo-histórico insertando la frase "tiempos de gentiles" después de la caída de Jerusalén. Ambos enfoques son complementarios e igualmente válidos, porque cada uno continúa una tradición del Antiguo Testamento: la profecía clásica y el tipo continuo-histórico de la apocalíptica de Daniel.[2]

El autor añade la dificultad de diferentes modelos (clásico y apocalíptico) de profecía dentro de los evangelistas. Esto nos deja con dos modos de acercarnos a las profecías. También con dos modos de relacionar a los evangelios sinópticos.

Por otra parte, tenemos la escuela apocalíptica. Tomemos a Ángel M. Rodríguez como muestra de ella. Desde el mismo inicio de su exposición, Rodríguez explica

---

[2] Lorondelle, *Las profecías del fin*, 55-56.

que estamos frente a una profecía apocalíptica.[3] Algunas de las consecuencias de su postura son:

1. Principio 1: Jesús inicia su sermón en sus días, Imperio Romano, y termina con el Reino de Dios.
2. Principio 2: Entender el sermón como respuesta a las preguntas de los discípulos: (1) ¿Cuándo serán estas cosas? (2) ¿Qué señal habrá de tu venida? (3) ¿Qué señal habrá del fin del siglo?
3. Principio 3: La caída de Jerusalén se convertiría en un símbolo de la destrucción del mundo.

Realmente, dos acercamientos intrigantes que suponen un reto para los investigadores. De primera, hay que determinar si esta profecía es clásica o apocalíptica. Además, determinar la correspondencia que existe entre los sinópticos. Adentrémonos, entonces, en estas cuestiones.

Tipos de profecía

Al igual que la estructura de un pasaje, entender el género literario que soporta el escrito es vital para la interpretación. En la vida cotidiana no entendemos igual una tira cómica que un periódico. Aunque pueden estar tratando el mismo tema, el género, es el lente con el que interpretamos la lectura. Por ejemplo, si en una canción dice que "los marcianos llegaron ya", no hay motivos para

---

[3] Ángel M. Rodríguez, *Fulgores de gloria: Las ocho profecías escatológicas más importantes de la Biblia*, trad. Benjamín García (Buenos Aires, Argentina: ACES, 2001), 83.

alarmarse. Pero, si en el periódico se dice lo mismo, probablemente ocurra una conmoción a escala mundial.

El mayor problema que enfrentamos en la interpretación de la profecía es que dentro de este género literario hay dos variantes. La primera es conocida como profecía clásica. Esta es la de los videntes antiguos conocidos como profetas mayores y menores. Este tipo de profecía versa sobre tres temas fundamentales. En otras palabras, todas las predicciones que hicieron estos profetas pueden ser encasilladas en tres categorías. Ellos podían estar hablando sobre el: Mesías, las naciones extranjeras o sobre el futuro glorioso de Israel. Explica Davidson:

> Por último, hay tres categorías fundamentales de profecía predictiva en el AT (fuera de Daniel): (1) profecías mesiánicas; (2) oráculos contra las naciones extranjeras; y (3) las promesas o profecías del reino, centradas en el pacto, dadas a Israel como entidad geopolítica, incluidas las profecías del tiempo del fin que contemplan el enfrentamiento mundial final entre Israel y sus enemigos.[4]

En segundo lugar, tenemos la apocalíptica. Dentro de esta variante tenemos dos libros, Daniel y Apocalipsis. Daniel rompió con el modo de hacer profecía. La profecía clásica, generalmente, comienza en los días del profeta (esto también lo hace la apocalíptica), pero, en medio de la exposición, la visión se traslada hacia el final de los

---

[4] Richard M. Davidson, "Interpretación de la profecía del Antiguo Testamento", en *Entender las Sagradas Escrituras: El enfoque adventista*, ed. George W. Reid (Florida: APIA, 2009), 224.

tiempos, hacia el día de Jehová. Es decir, da un salto de una situación local hacia el final de los tiempos.

Esta dinámica no concuerda con las profecías de Daniel. Estas iban poco a poco dando un recorrido por la historia sin dejar espacios temporales. Al contrario de la profecía apocalíptica, la clásica es una advertencia de lo que puede ocurrir, en ese sentido es condicional. Su cumplimiento depende de la respuesta de las personas (Jonás en Nínive). Sobre este fenómeno sigue diciendo Davidson:

> (…) hemos de reconocer que dentro del AT hay dos géneros o tipos diferentes de profecía predictiva: la apocalíptica (por ejemplo, las visiones de Daniel) y la no apocalíptica (a menudo denominada profecía "clásica" o "general"). Tanto la profecía clásica como la apocalíptica conllevan reglas hermenéuticas de interpretación específicas que surgen de un examen de la evidencia bíblica.[5]

La profecía clásica da pie para un cumplimiento dual. Tal vez, el ejemplo más usado por los adventistas es el derramamiento del Espíritu Santo. Aunque sabemos que Joel 2:28-32 se cumplió en Pentecostés, entendemos que habrá un cumplimiento total hacia el final de la historia. El que opte por determinar estos capítulos como apocalípticos, o clásicos, tendrá que ceñirse, en consecuencia, a sus reglas.

Esto genera una preocupación metodológica. Ya no se trata solamente de leer la profecía y tratar de interpretarla. Ahora es necesario determinar enfrente de que tipo de profecía estamos. En dependencia de la forma profética

---

[5] Davidson, "Interpretación de la profecía del Antiguo Testamento", 222.

que adopta el discurso de Jesús, así deben ser las "reglas hermenéuticas" que usemos. En fin, ¿clásico o apocalíptico? Eso solo lo revelará un estudio detenido de la profecía.

Identificando el tipo de profecía

Hace unos momentos, expusimos que las preguntas las habían hecho los discípulos, pero, la forma de organizarlas, para contestar, fue iniciativa de Jesús. También hablamos de la discusión que existe en torno a si el modelo es de la profecía clásica o apocalíptica. Tratemos de dilucidar esta situación.

Una profecía apocalíptica comienza en los días del profeta, da un recorrido por la historia (sin brechas temporales, no salta de Babilonia a Roma) y termina con una explicación abarcante del fin del tiempo. Veamos esta organización del sermón de Jesús.

Tabla # 4: Distribución de las preguntas II

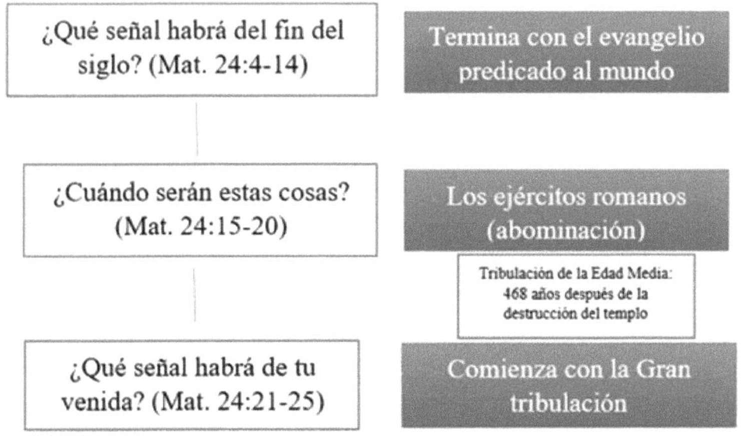

El discurso comienza con la explicación de las condiciones antes de la destrucción del templo (llega hasta el fin de los tiempos, de esa generación, con la predicación del evangelio). Luego habla de los ejércitos romanos tomando el templo y salta para la gran tribulación. Como se puede ver, hay una brecha temporal de alrededor de 468 años para llegar a la primera tribulación (Edad Media) desde la destrucción del templo.

Como hemos explicado, en las características de las profecías, podemos argumentar que las profecías apocalípticas nunca se comportan de esa manera, esto es una característica de la clásica. Sin embargo, esta tribulación no es la de la Edad Media, sino la tribulación final. Si esta fuera la de la Edad Media ya existiría un problema grave para clasificarla como apocalíptica. Si demostramos que esta tribulación es la final, entonces no existiría la menor duda de que estamos enfrente de una profecía clásica. Expondremos cinco argumentos a favor de la tribulación final en el Capítulo VI de esta obra.

Aproximación sinóptica

Lorondelle sugirió que Marcos sigue el mismo modelo de Lucas, un modelo apocalíptico. Sin embargo, una lectura de los evangelios prueba que ambos (Marcos en el verso 19 y Lucas en el verso 25) realizan un salto al tiempo de tribulación después de explicar eventos relativos al templo. Esto evidencia que todos siguen el mismo modelo (clásico).

Un criterio sólido a seguir es ver las diferencias en las preguntas. En dependencia del modo de formularlas así será la explicación. Esto responde a la necesidad de la audiencia original a las cuales ellos están escribiéndoles. Es vital un estudio del objetivo de los distintos evangelios para notar el modo en que esto influye en tan importante porción bíblica.

Conclusión

En fin, por los argumentos antes presentados podemos considerar la posibilidad de que no estamos frente a una profecía apocalíptica. Ese salto del año 70 d. C. a la gran tribulación final solo es propio de una profecía clásica. Como mencionamos, si fuera la de la Edad Media ya habría un problema, pero hemos demostrado que es la tribulación final (ver los argumentos en el Capítulo VI). De esta manera se desvanecen las dudas en cuanto a la forma de profecía que utilizó Jesús.

Bibliografía

Davidson, Richard M. "Interpretación de la profecía del Antiguo Testamento". En *Entender las Sagradas Escrituras: El enfoque adventista*, editado por George W. Reid, 224. Florida: APIA, 2009.

Lorondelle, Hans K. *Las Profecías del fin: Un enfoque contextual bíblico*. Traducido por David P. Gullón. Argentina: ACES, 1999.

Rodríguez, Ángel M. *Fulgores de gloria: Las ocho profecías escatológicas más importantes de la Biblia*. Traducido por Benjamín García. Buenos Aires, Argentina: ACES, 2001.

Capítulo IV: ¿Qué señal habrá del fin del siglo?

Introducción

La primera pregunta que Jesús contesta es la última que le hacen los discípulos. El objetivo que tenía, para responder la última como la primera, era organizar su descripción de los eventos iniciando por el momento histórico que ellos estaban viviendo. Todas las predicciones bíblicas comienzan en los días del profeta. Jesús respetó ese modelo que se encuentra en el Antiguo Testamento.

En este capítulo tenemos una tarea doble. En primer lugar, queremos entender la expresión que en ocasiones se traduce como "fin del siglo" y en otras como "fin del mundo". Este concepto es clave para comprender la última pregunta que se le hizo a Jesús. Luego tomaremos el resto del capítulo para explicar en detalle la respuesta que proveyó el Maestro a sus discípulos.

¿Fin del siglo o fin del mundo?

Los malos entendidos comienzan por la expresión "fin del mundo". Si Jesús se está refiriendo realmente al fin del mundo, entonces la predicación del evangelio a todas las naciones es la señal final. En otras palabras, cuando el evangelio sea predicado a todas las naciones entonces Cristo viene. Pero, ¿realmente esto es lo que está diciendo el texto?

La expresión fin del mundo no es tan correcta como a algunos comentadores les parece. El pasaje no está hablando de la destrucción del planeta tierra, sino del fin de la era, de una época.[6] Podemos parafrasear la declaración de la siguiente manera: "Explícanos cuando sabremos que nuestra época se está acabando".[7] Si bien fue en ese sentido que se lo expuso Jesús, y así debemos entenderlo nosotros, es posible que en la mente de los discípulos existiera la idea que el fin del mundo y el del templo estaba relacionado. No obstante, Jesús dejó bien claro que eran dos eventos separados.

Entonces, ¿qué describen los versos 4-14? Describen las situaciones más relevantes que iban a ocurrir antes de la caída del templo: algunas personas se harían pasar por el Mesías, la miseria asolaría en forma de terremotos y hambre, la paz romana se extinguiría. Por si fuera poco, se desataría una persecución en contra de los discípulos que repercutiría, incluso, en la fidelidad de los familiares.

Sin embargo, en este contexto, los discípulos se mantendrían fieles. La exhortación era a perseverar hasta el fin. El evangelio, las buenas nuevas, se predicarían en

---

[6] Samuel Pérez Millos, *Comentario exegético al texto griego del Nuevo Testamento* (U.S.A.: Clie, 2009), 1626.

[7] En ningún momento era la intención de los discípulos saber sobre el fin del mundo (ver la pregunta en los sinópticos). Su preocupación estaba relacionada con la destrucción del templo y como esto se complementaba con la segunda venida. Estos eventos, ellos creían que se cumplirían en su época (siglo). Pero el punto más importante, es que todas las señales que Jesús describió (4-14) tuvieron su cumplimiento en el siglo I. Hecho que corrobora que la mejor traducción es fin del siglo.

las condiciones más inhumanas que el mundo había visto. Veamos estos temas en detalle.

Explicación de los eventos

Ahora nos detendremos en los elementos más importantes de esta pregunta. Veremos que estos asuntos están relacionados con la situación que pasaría el pueblo de Dios antes de la destrucción del templo. Eran, por tanto, señales que indicaban que lo que Jesús predijo era eminente.

Se levantarán falsos cristos

Aparentemente el pueblo de Israel estaba haciendo una elección entre dos reos. Me estoy refiriendo a Jesús y a Barrabás. La idea era sencilla, durante las festividades judías se había implementado una tradición muy interesante. Los funcionarios romanos soltaban a un preso escogido por el pueblo como muestra de buena voluntad.

Pero, la elección que hicieron en esta ocasión fue a favor de un hombre llamado Barrabás. Lo interesante del caso, es que esta es la primera ocasión en que el pueblo de Dios escogería un falso cristo en lugar del verdadero. Barrabás no era un prisionero cualquiera, de hecho, el aseveraba ser el Mesías prometido, y el pueblo lo sabía. White lo explica de la siguiente manera:

> En aquel entonces las autoridades romanas tenían preso a un tal Barrabás que estaba bajo sentencia de muerte. Este hombre había aseverado ser el Mesías. Pretendía tener autoridad para establecer un orden de cosas diferente para arreglar el mundo. Dominado por el engaño satánico, sostenía que le pertenecía

todo lo que pudiese obtener por el robo. Había hecho cosas maravillosas por medio de los agentes satánicos, había conquistado secuaces entre el pueblo y había provocado una sedición contra el gobierno romano. Bajo el manto del entusiasmo religioso, se ocultaba un bribón empedernido y desesperado, que sólo procuraba cometer actos de rebelión y crueldad. Al ofrecer al pueblo que eligiese entre este hombre y el Salvador inocente, Pilato pensó despertar en él un sentido de justicia. Esperaba suscitar su simpatía por Jesús en oposición a los sacerdotes y príncipes. Así que, volviéndose a la muchedumbre, dijo con gran fervor: "¿Cuál queréis que os suelte? ¿a Barrabás, o a Jesús que se dice el Cristo?"

Como el rugido de las fieras, vino la respuesta de la turba: Suéltanos a Barrabás. E iba en aumento el clamor: ¡Barrabás! ¡Barrabás! Pensando que el pueblo no había comprendido su pregunta, Pilato preguntó: "¿Queréis que os suelte al Rey de los Judíos?" Pero volvieron a clamar: "Quita a éste, y suéltanos a Barrabás." "¿Qué pues haré de Jesús que se dice el Cristo?" preguntó Pilato. Nuevamente la agitada turba rugió como demonios. Había verdaderos demonios en forma humana en la muchedumbre, y ¿qué podía esperarse sino la respuesta: "Sea crucificado"?[8]

Este escenario llega a convertirse en tipológico. Lo que estaba sucediendo es lo siguiente: Los líderes religiosos del pueblo de Dios (fariseos y saduceos) se confabularon en contra de Jesús para matarlo. Para esto, se unieron al poder político (Roma) para llevar sus planes a su culminación; ellos no tenían autoridad ni fuerza militar para lograr sus fines. Además, aceptaron a un falso cristo en lugar del

---

[8] Elena G. de White, *El Deseado de todas las gentes* (Bogotá, Colombia: APIA, 2007), 695.

verdadero en el marco del fin del tiempo de gracia para la nación judía.

¿No les parece el escenario conocido? Según la comprensión que tenemos de las profecías, sabemos que los líderes religiosos al final de la historia de este mundo se unirán al poder civil para castigar al pueblo remanente. Por si fuera poco, también sabemos que aceptarán a un falso cristo antes del cierre de la gracia en lugar del verdadero. En otras palabras, la escena delante de Pilato se va a repetir a gran escala. Pero esta vez con el pueblo del fin del tiempo.

Jesús advirtió que esto sucedería. Se levantarían personas diciendo ser el Mesías. Esto no solo pasaría con Barrabás, sino que iría en aumento. Esta advertencia sería especialmente relevante en la época en torno a la destrucción del templo; pero no se limitaría ahí, como veremos más adelante.

Guerras y rumores de guerras

Nerón era un emperador tremendamente impopular entre las legiones romanas. No era hombre de guerra y le atraía más el mundo del espectáculo que los implementos militares. Aparte de eso, tenía serios problemas con la paga de los soldados. Si bien era perdonable el asunto de sus gustos artísticos, no lo era la despreocupación que mostraba hacia sus tropas.

La personalidad enferma de Nerón generó que comenzara una desestabilización de su poder. Los historiadores cuentan que de la "Galia partió la señal de la rebelión. C. Julio Vindice, que mandaba en la Lugdunense, se propuso librar al mundo del monstruo. Su iniciativa fue seguida por las poblaciones célticas de la Galia meridional, con las cuales pudo reunir un ejército de 100.000 hombres. La divisa de los insurrectos era el juramento de obediencia al Senado y al pueblo romano (1 de marzo del 68)".[9]

Este levantamiento se fue expandiendo y otros líderes se añadieron a la revuelta. Parece que las consecuencias de sus actos conspiraron para que el tirano recibiera su merecido. El objetivo era deponer al emperador sanguinario. Por ejemplo, Otón, líder de Lusitania, había sido víctima de Nerón cuando este le quitó a su esposa. Otón aprovechó la oportunidad para vengarse. De manera diferente, Galba, quien había sido un fiel soldado, no estaba seguro de unirse a la insurrección; pero un decreto de muerte por parte del emperador lo obligó a tomar partido.

Nerón al verse perdido decidió huir. Esto hizo que el senado lo declarara enemigo del Imperio. La solución más plausible que encontró fue suicidarse. Así culminó la vida de este déspota.

¿Quién vestiría el púrpura? De julio de 68 d. C. a diciembre del 69 d. C. habrían de gobernar tres emperadores (Galba, Atón y Vitelio). Esto se hizo no por medio de la paz. Las guerras civiles, las venganzas e intrigas era la atmósfera normal para el 69 d. C. El Imperio que le daba estabilidad al mundo se tambaleaba. ¿Qué sucedería? ¿Sería el fin del mundo? La advertencia de Jesús era clara: "guerras y rumores de guerras".

---

[9] Francisco Bertolini, *Historia de Roma: Desde los orígenes itálicos hasta la caída del Imperio de Occidente* (Madrid, España: EDIMAT LIBROS, 1999), 474.

Hambre y terremotos

Aparte de los conflictos imperiales, y otros que ocurrieron en varios territorios, Jesús advirtió sobre hambrunas y terremotos. Sobre este tópico explica Hendriksen:

> Jesús también habla de "hambres y terremotos en diversos lugares" (v. 7b). Como ocurre con los otros acontecimientos predichos, así también es aquí. Estas perturbaciones en la esfera del mundo físico ciertamente son prefiguraciones y representaciones de aquello que, en una escala mucho más extensa e intensa, ocurrirá en la esfera de la naturaleza al final de la era. Pero aparte de ese sentido muy general, no se pueden llamar correctamente señales. Ninguna de ellas en particular puede dar a nadie el derecho de hacer predicciones con respecto a la fecha de la caída de Jerusalén o al tiempo de la *Parousía* (segunda venida de Cristo). Es verdad que durante el período comprendido entre los años 60-80 d.C. asolaron el imperio hambres, pestilencias, incendios, huracanes y terremotos, como lo señala Renan en *L'Antichrist*. Durante el verano del año 79, entró en violenta erupción del Vesubio y destruyó Pompeya y sus alrededores.[10]

Persecución

Si bien había rumores de guerra, eso no significaba que esto afectaría directamente a los discípulos. Jesús solo le alertó que no consideraran los rumores como indicación de que el fin estaba cerca. Pero, lo que si explicó que

---

[10] William Hendriksen, *Comentario al Nuevo Testamento: El Evangelio según San Mateo* (Grand Rapids, MI: Libros Desafío, 2007), 894-895.

impactaría a los cristianos del primer siglo eran las persecuciones, tribulación.

La profecía de las 70 semanas de Daniel culminó con el apedreamiento del primer mártir cristiano, Esteban. Eso significaba que el tiempo de gracia para la nación judía se había terminado. La consecuencia inmediata de este evento es que comenzó un barrido de todo lo que oliera a cristianismo. La figura clave de esto fue un hombre llamado Saulo de Tarso.

No obstante, la persecución tomó una nueva dirección cuando los cristianos que vivían en Roma fueron culpados por Nerón del incendio. González cuenta:

> El historiador Tácito, que probablemente se encontraba entonces en Roma, cuenta varios de los rumores que circulaban, y él mismo parece dar a entender que su opinión era que el incendio había comenzado accidentalmente en un almacén de aceite.
>
> Pero cada vez más las sospechas recaían sobre el emperador. Según se decía, Nerón había pasado buena parte del incendio en lo alto de la torre de Mecenas, en la cumbre del Palatino, vestido como un actor de teatro, tañendo su lira, y cantando versos acerca de la destrucción de Troya. Luego comenzó a decirse que el emperador, en sus locas ínfulas de poeta, había hecho incendiar la ciudad para que el siniestro le sirviera de inspiración. Nerón hizo todo lo posible por apartar tales sospechas de su persona. Pero todos sus esfuerzos resultaban inútiles mientras no se hiciera recaer la culpa sobre otro. Dos de los barrios que no habían ardido eran las zonas de la ciudad en que había más judíos y cristianos. Por tanto, el emperador pensó que le sería fácil culpar a los cristianos.[11]

---

[11] Justo L. González, *Historia del cristianismo: Tomo 1* (Miami, FL: Unilit, 2003), 50.

Por decreto real los cristianos fueron cazados y entregados al emperador para ser parte de sus juegos. Estos consistían en quemarlos vivos como antorchas para que alumbraran su patio, o echárselos a los leones. Lo cierto fue que este evento desencadenó persecuciones que se mantuvieron, más o menos hasta el 313 d. C. Así, la expresión "serán entregados a tribulación" se cumplió con terrible exactitud.

Falsos profetas

En torno a la rebelión de los judíos que terminó con la destrucción del templo, los falsos profetas jugaron un papel muy importante. Emulando a los antiguos reyes corruptos de Israel, los líderes religiosos contrataron los servicios de personas inescrupulosas que eran movidos solo por el amor al dinero. Estos, en medio de una situación de desesperación, anunciaban que no pasaría nada con ellos. Su mensaje era de paz. De este modo lo resume White:

> No obstante, en su necia y abominable presunción, los instigadores de la obra infernal declaraban públicamente que no temían que Jerusalén fuese destruida, pues era la ciudad de Dios; y, con el propósito de afianzar su satánico poder, sobornaban a falsos profetas para que proclamaran que el pueblo debía esperar la salvación de Dios, aunque ya el templo estaba sitiado por las legiones romanas. Hasta el fin las multitudes creyeron firmemente que el Todopoderoso intervendría para derrotar a sus adversarios.[12]

---

[12] Elena G. de White, *El Conflicto de los Siglos* (Bogotá, Colombia: APIA, 2007), 28.

La predicación del evangelio

Los discípulos habían pedido una señal del fin de su siglo. Jesús no deseaba dejar sus mentes impactadas con eventos negativos. La verdadera señal de que el siglo I estaba llegando a su fin no era la persecución ni el hambre. La predicación del evangelio, por medio de los canales humanos en combinación con la ayuda divina del Espíritu Santo, era la gran señal del siglo.

El evangelio llegó a las partes más alejadas del Imperio Romano. La fe en un oscuro carpintero de galilea, que se decía Dios encarnado en los escritos de sus seguidores, era el centro de la nueva religión. Confundida al principio como una secta judía, fue abriéndose paso poco a poco y conquistó los corazones de los humildes y de los sabios. De esta manera, se cumplió el mandato de Jesús: "hasta lo último de la tierra" (Hch. 1:8).

Conclusión

Todas estas señales se cumplieron antes de la destrucción del templo. Proverbiales son la cantidad de personas que certificaban ser el Cristo. Los levantamientos en el Imperio Romano amenazaban con una guerra civil. Los asesinatos de varios emperadores (Calígula, Claudio, Nerón, este último se suicidó), y la desestabilidad en la sucesión (Galba, Atón, Vitelio, Vespasiano), trajo diferentes disturbios en Roma. Todo esto ocurrió alrededor del año 69 d. C. Así las predicciones de Jesús se cumplieron.

Luego de esbozar los eventos que acompañarán la destrucción del templo, Jesús responde la pregunta sobre la señal del fin del siglo, es decir, la predicación del evangelio. Recordemos la amplia difusión del plan de la salvación por medio del ministerio de los apóstoles.

Bibliografía

Bertolini, Francisco. *Historia de Roma: Desde los orígenes itálicos hasta la caída del Imperio de Occidente*. Madrid, España: EDIMAT LIBROS, 1999.

de White, Elena G. *El Deseado de todas las gentes*. Bogotá, Colombia: APIA, 2007.

______________. *El Conflicto de los Siglos*. Bogotá, Colombia: APIA, 2007.

González, Justo L. *Historia del cristianismo: Tomo 1*. Miami, FL: Unilit, 2003.

Hendriksen, William. *Comentario al Nuevo Testamento: El Evangelio según San Mateo*. Grand Rapids, MI: Libros Desafío, 2007.

Pérez Millos, Samuel. *Comentario exegético al texto griego del Nuevo Testamento*. U.S.A.: Clie, 2009.

Capítulo V: ¿Cuándo serán estas cosas?

Introducción

Basándose en la idea de que los discípulos hicieron dos preguntas, algunos comentaristas adventistas infieren que la abominación desoladora representa dos conceptos diferentes y, sin embargo, unidos por una misma naturaleza. En efecto, la abominación desoladora llega a representar, explican, la señal de la destrucción del templo, pero, en una dimensión tipológica, también cuando el sistema papal echaría por tierra el ministerio de Jesús en el santuario celestial.

Cuando adoptamos esta presuposición, nos vemos invadidos por una incertidumbre constante. Uno nunca sabe si se está hablando de lo profético o de lo histórico. Por esta razón, creemos que ver el discurso bajo la premisa de que estamos delante de una profecía clásica es lo más conveniente. De esta manera, primero debemos explorar el cumplimiento total. Solo después, cuando entendemos a plenitud esta dimensión, es que nos enfrascamos en el otro cumplimiento (parcial), si lo tiene.

La abominación desoladora

¿Cuál fue la abominación desoladora que vio el profeta Daniel? ¿Cómo debían entender los discípulos esta parte de la profecía? Esto tiene una explicación bien sencilla. Primero hay que ir a los sinópticos para ver como ellos lo entendieron. Lucas dice: "Cuando veáis a Jerusalén sitiada por ejércitos, sabed entonces que ha llegado su destrucción. Entonces, los que estén en Judea, huyan a los montes; los que estén en medio de la ciudad, salgan; y los que estén en los campos, no entren en ella" (Luc. 21:20-21 RVA). Sin lugar a dudas, la abominación desoladora son los ejércitos romanos acercándose a Jerusalén.[1] ¿Dónde habló Daniel de esto? Veamos:

> Después de las sesenta y dos semanas, el Mesías será quitado y no tendrá nada; y el pueblo de un gobernante que ha de venir destruirá la ciudad y el santuario. Con cataclismo será su fin, y hasta el fin de la guerra está decretada la desolación. Por una semana él confirmará un pacto con muchos, y en la mitad de la semana hará cesar el sacrificio (Dn. 9:26-27 RVA).

Esta es la profecía de las 70 semanas que predice tanto el ministerio de Jesús como el tiempo de la construcción y destrucción del templo. Llanamente Lucas nos confirma que es a esa parte de Daniel a la que Jesús está haciendo

---

[1] Jesús había dicho: "He aquí vuestra casa es dejada como un lugar desierto … Os digo solemnemente, que aquí no quedará piedra sobre piedra que no sea derribada" (23:38; 24:2). Los discípulos habían reaccionado con la pregunta: "Dinos, ¿cuándo sucederá esto, y qué señal (habrá) de tu venida y del fin del mundo?" (24:3). En cuanto a la implicación errónea de esa pregunta, como si la caída de Jerusalén y del templo fuera a ser seguida inmediatamente por el fin de la era, Jesús los ha rectificado. Ver: William Hendriksen, *Comentario al Nuevo Testamento: El Evangelio según San Mateo* (Grand Rapids, MI: Libros Desafío, 2007), 899.

referencia, pues la destrucción que Jesús anunciaba era su cumplimiento.[2] Shea explica:

> La desolación fue causada por el ejército romano después de su conquista de Jerusalén. Las abominaciones fueron esas cosas que sucedían en Jerusalén antes de su destrucción y desolación. Mientras las tropas romanas irrumpían a través de las defensas del norte de la ciudad, tropas judías resistieron desde el mismo edificio del templo. Era una estructura fuerte, y, por consiguiente, hacía las veces de una fortaleza. Esto requirió que los soldados romanos atacaran el edificio del templo, aunque su general quería preservarlo. En la batalla subsiguiente, el templo se quemó. Nunca fue el propósito de Dios que su templo se convirtiera en una fortaleza para pelear en la guerra; y al proceder así, colmaron de maldición ese espacio santo. Después de ese abominable curso de acción vino la destrucción y la desolación, exactamente como la profecía lo describió.[3]

La destrucción de Jerusalén

Para los escépticos siempre existen razones para dudar. Jesús advirtió categóricamente que el templo sería destruido. Esto iba a ser antecedido por un periodo de desestabilidad en el gobierno de Roma. Los rumores de

---

[2] En este pasaje hay dos temas: (1) la venida del ejército romano y los consejos para huir de la ciudad (vv. 15-22); (2) la advertencia de no creer a los falsos cristos y falsos profetas (vv. 23-28). *Jesús describe la destrucción de Jerusalén (vv. 15-21).* Mateo no dice explícitamente que el pasaje se refiere a la ciudad de Jerusalén, pero Lucas no deja lugar a dudas al respecto (Luc. 20:21). Ver: Daniel Carro, *Comentario bíblico mundo hispano Mateo* (El Paso, TX: Mundo Hispano, 1993), 310.

[3] William H. Shea, *Daniel: Una guía para el estudioso* (Buenos Aires, Argentina: ACES, 2010), 171.

guerras, en ese contexto, estarían a la orden del día. Para "agosto de 66 d.C., Cestio (el embajador de Roma en Siria) atacó a Jerusalén para luego retirar sus tropas sin razón aparente, aunque la victoria estaba a su alcance".[4] Esto pudo dar un indicio de que las palabras de advertencia de Jesús estaban erradas. Algunos razonaron: "¡El templo no será destruido! ¿Qué mejor momento que este para atacar?" No solo esto, explica Knight:

> En 67 y 68, Vespasiano conquistó a Galilea y Judea, pero demoró el sitio de Jerusalén debido a la muerte del Emperador Nerón. No fue sino hasta la primavera y verano de 70 d.C. que Jerusalén fue sitiada y destruida por el hijo de Vespasiano, Tito. En el intervalo entre el disturbio de 66 y la destrucción de 70 d.C., Eusebio (263-339 d.C.) nos dice que "los miembros de la iglesia de Jerusalén, por medio de un oráculo dado por la revelación a personas aceptables entre ellos, recibieron la orden [seria] de abandonar la ciudad antes del comienzo de la guerra y asentarse en una ciudad de Perca llamada Pella. Aquellos que creían en Cristo emigraron a Pella desde Jerusalén".[5]

El primer retiro y la demora pudo haber sido interpretada de dos maneras. La primera ya la expusimos como un fundamento para el escepticismo. Pero, los que confiaban en el Señor, vieron esto como una advertencia. El Imperio en cualquier momento destruiría lo que ellos más apreciaban como nación. Era muy importante estar

---

[4] George R. Knight, *Mateo: El Evangelio del Reino*, trad. Tulio N. Peverini y Miguel A. Valdivia (Estados Unidos: Pacific Press Publishing Association, 1997), 238.

[5] Knight, *Mateo*, 238.

preparados para un cambio de formato en el cristianismo. Ahora su culto debía girar alrededor de la Palabra Escrita.

Conclusión

La abominación desoladora debe ser interpretada como el sitio de la ciudad por los ejércitos romanos. La referencia a Daniel, y la explicación de Lucas, no dejan lugar a dudas. Muchos han pretendido ver en este concepto la supremacía papal de la Edad Media. ¿Es legítima esta interpretación? Creemos que esa interpretación es acertada. Pero, solo como un cumplimiento[6] que prefigura, no la destrucción de un santuario terrenal, sino como imagen de la usurpación, por parte del papado, del ministerio sumo sacerdotal de Jesús. Esto solo tiene sentido dentro de las profecías clásicas, pues ellas permiten un cumplimiento doble.

Bibliografía

Carro, Daniel. *Comentario bíblico mundo hispano Mateo*. El Paso, TX: Mundo Hispano, 1993.

Hendriksen, William. *Comentario al Nuevo Testamento: El Evangelio según San Mateo*. Grand Rapids, MI: Libros Desafío, 2007.

Knight, George R. *Mateo: El Evangelio del Reino*. Traducido por Tulio N. Peverini y Miguel A.

[6] Ver el capítulo sobre el cumplimiento doble de esta profecía.

Valdivia. Estados Unidos: Pacific Press Publishing Association, 1997.

Shea, William H. *Daniel: Una guía para el estudioso*. Buenos Aires, Argentina: ACES, 2010.

Capítulo VI: ¿Qué señal habrá de tu venida?

Introducción

La mayoría de los comentaristas han visto en el sexto sello (Ap. 6:12-17) las mismas señales que anunció Jesús en el sermón profético de Mateo 24:29. Estas señales en la naturaleza anuncian el pronto regreso de nuestro Señor. Treiyer, que es partícipe de este punto de vista, explica:

El "gran terremoto" y las señales en el sol, la luna y las estrellas que se indican en los textos arriba citados, se cumplieron en torno a la época que Daniel llamó "tiempo del fin," es decir, en relación con la época en que el anticristo medieval romano recibió el golpe mortal con la Revolución Francesa, al final de los 1260 años de su predominio religioso y político. Estas señales tendrían el propósito de indicar, no que el fin había llegado, sino que estaba "cerca, a las puertas" (Mt. 24:33).[1]

Paulien continúa exponiendo en esa misma línea de argumentación:

El paralelo con el apocalipsis sinóptico da pie para pensar que, cuando menos, algunos de estos fenómenos acaecen poco después del período de la gran tribulación[2] al que se alude en el

---

[1] Alberto Raúl Treiyer, *El enigma de los sellos y las trompetas a la luz, de la visión del trono y la recompensa final* (Buenos Aires, Argentina: ACES, 1990), 235.
[2] La persecución medieval, según Paulien.

quinto sello. Que las señales celestiales deben entenderse como literales queda indicado por el hecho de que cada una va seguida por un "como" (hos), que en esta construcción introduce una analogía figurada con un acontecimiento real.

Por lo tanto, el sexto sello abarca el período desde el clamor de los mártires hasta el tiempo del fin. Dado que las señales celestiales de 1780 y 1833 tuvieron un gran impacto en el creciente interés en el estudio de las profecías, el terremoto de Lisboa de 1755 es el mejor candidato para el terremoto de 6: 12. Apocalipsis 6: 14 apunta al colapso final de todas las cosas terrenas y celestiales en la medida en la que tienen que ver con este planeta (2 Ped. 3: 9-12).[3]

El razonamiento de estos pensadores es bastante sencillo. Las señales de Mateo 24:29 y las del sexto sello son las mismas. Estas ocurrieron después de la tribulación de la Edad Media (los 1260 años de supremacía papal). Por tanto, la gran tribulación del verso 21 es el periodo descrito en Daniel 7:25.

En este capítulo tenemos el propósito de analizar el concepto de la gran tribulación y las señales en los astros. Como hemos explicado, la mayoría de los pensadores adventistas se decantan por una interpretación donde la tribulación del verso 21 es asociada con la acontecida en la Edad Media. Además, aseguran que las señales en los astros (v. 29) se cumplieron al final del periodo de supremacía papal, alrededor de 1798, con el oscurecimiento del sol, la luna (1780) y la caída de estrellas (1833). ¿Podemos asegurar eso?

---

[3] Jon Paulien, "Los siete sellos", en *Simposio sobre Apocalipsis*, ed. Frank Holbrook (Florida: APIA, 2010), 283.

Argumentos a favor de la tribulación final

Aunque sabemos de la popularidad con que cuenta esa interpretación, creemos que no posee el respaldo bíblico. Por lo menos, no en primera instancia. Por ese motivo, expondremos cinco razones[4] para poner la tribulación del verso 21 como la gran tribulación final.

El factor lingüístico

La gran tribulación es un concepto muy interesante. Aparece en varias ocasiones en la Biblia. Sin embargo, ateniéndonos al contexto donde Jesús la pone (su venida), está íntimamente relacionada con la gran tribulación de Apocalipsis 7. El ángel le responde a Juan que los que visten vestiduras blancas "están saliendo (según el griego) de la gran tribulación". En el contexto profético, solo encontramos la expresión gran tribulación en dos lugares (Mat. 24:21 y Ap. 7:14). Sabemos que la de Apocalipsis 7:14 es la tribulación final, por tanto, Mateo debe estar haciendo referencia a ella. El nexo lingüístico es incuestionable.

Una evidencia adicional que corrobora este punto de vista es Daniel 12:1. Ese texto explica que: "Entonces habrá un tiempo de angustia, como no lo hubo desde que existen las naciones" (Dn. 12:1 NTV). Todos estamos de acuerdo en que ese tiempo de angustia es al final de la historia. Pero la idea que añade (como esa "no hubo angustia"), es la que conecta con el verso 21 de Mateo, pues

---

[4] Para una idea general ver el capítulo VIII.

allí dice también que habrá una angustia (NTV), o tribulación (RVR), como nunca en la historia. Es decir, hay una conexión también con Daniel en el marco de la tribulación final.

El gran problema, para los que proponen que la gran tribulación es lo mismo que se anuncia en Daniel 7:25, es que no tienen, bíblicamente, como equiparar ambos conceptos. Tienen que acudir a la historia para ver que pasó después de la destrucción del templo, pero sin base bíblica. Eso convierte a esa postura en ilegítima.

En síntesis, cuando analizamos la intertextualidad (conexión con otras partes de las Escrituras), nos damos cuenta que está unida lingüísticamente la gran tribulación con Daniel 12:1 y con Apocalipsis 7:14. La gran tribulación siempre hace referencia a la angustia final, en el contexto escatológico, no al periodo de persecución de 1260 años.

El factor de la singularidad

La segunda razón es que esta tribulación es sin precedente ("cual no ha habido ni la habrá"). ¿Es posible que la tribulación de la Edad Media sea mayor que la última de la historia de la humanidad? ¡Imposible! Estos hechos fundamentan que hay que ubicar esta parte del discurso de Jesús después del cierre de gracia.

El factor contextual

La tercera razón es que es la respuesta a la pregunta: ¿Qué señal habrá de tu venida? Cuando Jesús explicó las señales entorno a la destrucción del templo, eran eventos que estaban cerca, no cientos de años antes. Eran hechos que, en medio de las circunstancias, ayudarían a identificar la eminente destrucción. De igual manera, creemos que las señales que Jesús dejó jugarían el mismo rol. Son señales que acompañarán su venida.

El factor temporal

La cuarta razón es la expresión "los días serían acortados". Si la gran tribulación es la de la Edad Media, ¿qué significa acortar y dejarlo en 1260 años? Ciertamente, 1260 años de persecución no es poco. Este tiempo es más de lo que duraron muchos imperios. Esto comprueba que tiene que estar haciendo referencia a otra persecución más fuerte y más corta. Recordemos que la persecución, tanto romana como papal, fue esporádica. La frase "nadie sería salvo" expresa que si Dios no media todos van a morir. Esto encaja más en la intervención Divina (Dan. 12:1-3) que en la Edad Media. Explica Urrutia sobre este periodo:

> El levantamiento de Miguel ocurre al término del juicio investigador, previo al segundo advenimiento, que corroborará la justicia de los escogidos y permitirá a Miguel defenderlos sin causar dudas en los seres no caídos. Al levantarse para salir del santísimo del santuario celestial será coronado como rey de reyes (Apoc.11: 15-18) y comenzarán a caer las siete plagas postreras sin mezcla de misericordia (Apoc.16), por lo que será "tiempo de angustia como no lo hubo" en toda la historia humana. El pueblo de Dios estará sellado, por lo cual "ninguna plaga tocará su morada", y al final de esas plagas vendrá Miguel a esta tierra para rescatarlos. Por lo cual aquel tiempo es el breve, periodo de las plagas finales, el tiempo en que ya no habrá

intercesión a favor del género humano, porque todos los casos estarán decididos por la eternidad.[5]

El factor astronómico

Finalmente, tenemos las señales en los astros. Los eruditos han afirmado que se trata de los sucesos que ocurrieron en: 1780 (día oscuro) y 1833 (caída de las estrellas). Sin embargo, el concepto de la gran tribulación no permite ubicar el cumplimiento de los símbolos entre el siglo XVIII y XIX, pues son hechos que ocurren posterior a la tribulación. Un estudio comparativo de estos símbolos revela que siempre son anunciados después de: el derramamiento final del Espíritu (justo antes del Día de Jehová), la gran tribulación o con la segunda venida. Es decir, en el contexto del fin del tiempo.

Tabla # 5: Cuadro comparativo

#	**Elementos**	**Joel 2:28-30**	**Mateo 24**	**Sexto sello**
1	Tiempo	Antes del Día de Jehová.	Después de la gran tribulación.	Segunda Venida.
2				Gran terremoto.
3	Primera Señal	Prodigios en el cielo y la tierra.	Potencias de los cielos conmovida.	El cielo se enrolla.

[5] Héctor Urrutia, *Profecías apocalípticas de Daniel: ¿Vendrá el fin el 2012?* (Santiago, Chile: Wandersleben impresiones, 2012), 394.

4	Segunda Señal		Estrellas caen.	Estrellas caen.
5	Tercera Señal	Sol en tinieblas.	Sol en tinieblas.	Sol negro.
6	Cuarta Señal	Luna en sangre.	Luna en tinieblas.	Luna en sangre.

Aunque no es una descripción idéntica, hay varios elementos que nos mueven a pensar que los profetas ven el mismo evento. En primer lugar, son anunciados después del cierre de gracia. En segundo lugar, acompañan la venida de Jehová o Cristo. Finalmente, los elementos que describen son los mismos.

¿Por qué las descripciones no son idénticas? Cada profeta describió lo que era más importante en su momento; además, el léxico que usaron fue el que ellos escogieron (uno dice que el sol se entenebreció y otro que se volvió negro como cilicio). Si estudiamos las descripciones del trono de Ezequiel y Juan, distinguimos que es el mismo lugar; pero hay notables diferencias. ¿Sugieren las diferencias que estaban viendo dos lugares diferentes? En ningún modo, es el mismo lugar, pero dos formas distintas de relatar el evento.

Concluimos que estas señales acompañan a la segunda venida de Cristo y ocurren en el contexto de la gran tribulación. No son meras figuras para adornar el lenguaje, sino, fenómenos literales. La segunda venida es el acontecimiento más espectacular que la humanidad verá. Sin dudas, no hay pluma humana que la pueda describir en toda su gloria. Los profetas hicieron un esfuerzo por captar en palabras tan magno acontecimiento, pero solo está descrito oscuramente.

Conclusión

Según nuestra comprensión de esta pregunta, la gran tribulación no se está refiriendo, en primera instancia, a la de la Edad Media. Hemos presentado cinco argumentos para situarla como la última prueba del pueblo de Dios. Este evento es conocido también como el tiempo de angustia de Jacob o el tiempo de angustia cual no ha habido. Cualquier término que usemos, estamos refiriéndonos al mismo evento. Es un hecho que en el verso 21 se está haciendo alusión a la persecución escatológica. Esto, por su puesto, confirma que estamos delante de una profecía clásica, pues da un salto del año 70 d. C. a la gran tribulación de Apocalipsis 7:14.

Bibliografía

Paulien, Jon. "Los siete sellos". En *Simposio sobre Apocalipsis*, editado por Frank Holbrook, 283. Florida: APIA, 2010.

Raúl Treiyer, Alberto. *El enigma de los sellos y las trompetas a la luz, de la visión del trono y la recompensa final*. Buenos Aires, Argentina: ACES, 1990.

Urrutia, Héctor. *Profecías Apocalípticas de Daniel: ¿Vendrá el Fin el 2012?* Santiago, Chile: Wandersleben Impresiones, 2012.

Capítulo VII: Parábolas de advertencia

Introducción

La tendencia, es tratar de entender la sección anterior que hemos comentado y no estudiar profundamente las parábolas de advertencia. Esa actitud se traduce, frecuentemente, en una desfiguración del sentido de estas narraciones. Por esta razón, iniciaremos nuestro capítulo haciendo una síntesis de los principios de interpretación que vamos a usar. Luego, nos enfocaremos en buscar el sentido que Jesús quería trasmitirnos al pronunciar estas amonestaciones.

Principios de interpretación de las parábolas

Existen varios libros que aseguran ser comentarios sobre las parábolas de Jesús. Muchos de estos comentarios tienen la peculiaridad de distorsionar, casi por completo, la verdadera intención de las parábolas. No es menos cierto que hay algunas que no necesitan mucho análisis, pero otras son más desafiantes. Es en ellas que los autores se toman ciertas libertades. Esto no es nuevo, “ya en los primeros tiempos, en los primeros decenios después de la muerte de Jesús, sufrieron las parábolas ciertas interpretaciones. Así, se comenzó muy pronto a tratar las parábolas como alegorías, es decir, a dar a cada detalle de la parábola un sentido profundo especial. Esta clase de interpretación alegórica se extendió durante siglos como un espeso velo sobre el sentido de las parábolas".[1]

Por este motivo, debemos delinear algunos principios de interpretación que nos orienten en nuestro estudio. Hay un grupo de parábolas que, generalmente, son mal usadas. Me estoy refiriendo a las escatológicas. Estas, por la connotación que tienen, han servido para oscurecer el conocimiento. ¿Qué principios seguiremos?

1. No alegorizar.
2. Obtener los máximos datos históricos, culturales, gramaticales y léxicos.
3. Analizar el relato de la parábola.
4. Aplicar la parábola a la situación actual.[2]

De este modo sintetiza Shepherd:

> Resumiendo lo dicho hasta este momento, las parábolas de Jesús son relatos de la vida cotidiana empleados para hacer una comparación con la realidad divina. Los personajes y la trama de esos relatos son más que mera información. Introducen al lector en el mundo narrativo y generan las emociones y los sentimientos que llaman al oyente a tomar una decisión y a cambiar. Jesús usaba esos relatos tanto para enseñar a sus discípulos como para desafiar a sus enemigos. A veces son enigmas ideados para mantener a los extraños en la ignorancia

---

[1] Joachim Jeremías, *Interpretación de las parábolas*, trad. Francisco Javier Calvo (Sevilla, España: Verbo Divino, 1971), 10.

[2] Tom Shepherd, "Interpretación de los símbolos, las alegorías y las parábolas de la Biblia", en *Entender las Sagradas Escrituras: El enfoque adventista*, ed. George W. Reid (Florida: APIA, 2009), 287-288.

con el fin de proteger a Jesús de sus ataques, pero también están concebidas para instruir al oyente bien dispuesto en los caminos del reino de Dios. Las parábolas surgen de la experiencia cotidiana de la vida de la Palestina del primer siglo de nuestra era, usando lo común para explicar las realidades eternas del reino de Dios.[3]

Análisis de las parábolas

Siendo que ya tenemos algunos principios de interpretación, podemos aventurarnos a entender las parábolas del sermón profético. La idea no es investigar de manera exhaustiva cada una, sino, más bien, encontrar la enseñanza central. Además, corregir, en el camino, algunos errores muy frecuentes.

La higuera

La parábola de la higuera (Mat. 24:32-36) ha sido un poco controversial. Especialmente, la declaración de Jesús que dice: "Les aseguro que todo esto pasará antes de que mueran algunos de los que ahora están vivos. El cielo y la tierra dejarán de existir, pero mis palabras permanecerán para siempre" (Mat. 24:34-35 TLA). Algunos afirman que eso significa que Jesús enseñó que su venida sería en el contexto de la vida de los apóstoles. Manson argumenta:

> Si tomamos estas indicaciones en su interpretación espontánea y natural, debemos concluir que Jesús esperaba que la parusía tendría lugar durante la vida de al menos algunos de sus contemporáneos, aunque la fecha exacta era un secreto

[3] Shepherd, "Interpretación de los símbolos, las alegorías y las parábolas de la Biblia", 287.

conocido sólo por Dios. Que ésta fue también la expectación de la Iglesia primitiva queda fuera de toda duda.[4]

¿Qué de verdad hay en eso? Como hemos visto, la pregunta de los discípulos era triple. Eso significa que las respuestas de Jesús asumieron ese formato. Ahora bien, las advertencias, en forma de parábolas, están diseñadas para calzar con cada una de estas respuestas. Ellas deberían ser entendidas como el llamado de Jesús para que se mantuvieran a la expectativa. Entonces, cuando Jesús dice que los apóstoles no morirían sin ver estas cosas, no se estaba refiriendo a su segunda venida, como muchos han pretendido, sino a la destrucción del templo. Ese evento ocurriría en unos cuarenta años, aproximadamente una generación.

La higuera es una representación de las señales que Jesús describió como siendo propia del fin del siglo: Guerra y rumores de guerras, hambre, enfermedades, etc. Esas señales mostraban que las palabras de Jesús se cumplirían. Dicho de otro modo, el contexto social estaba madurando para que la profecía se desplegara ante ellos.

Pero, cuando Jesús (en el verso 36) "dice que ni el día ni la hora nadie lo sabe", va a dar paso a otras advertencias (por medio de parábolas) que hacen referencia, no a la destrucción del templo, sino al fin del mundo. Debemos entender, de ese verso en adelante, las parábolas como escatológicas. Son advertencias para los que vivimos en los umbrales de la historia de este mundo. Analicemos este grupo de parábolas.

---

[4] T. W. Manson, *The Teaching of Jesus. Studies in its Form and Content* (Inglaterra: Cambridge University Press: 1935), 278.

Los días de Noé

Ahora Jesús señala que, cuando él aparezca, las personas estarán viviendo como en los días de Noé. Se ha interpretado esta frase, según lo que dice Mateo, de modo muy diferente a la intención de Jesús. Por ejemplo: han visto que comer y beber está haciendo referencia a la glotonería y la embriaguez, que era propia de los antediluvianos. Por otro lado, entienden que casarse y darse en casamiento es un comportamiento que indica depravación sexual. Así comparan las prácticas sociales actuales para que encajen con el estilo de vida de la época de Noé. Esta sería una forma de demostrar que estamos en los últimos tiempos. ¿Es eso lo que significan esas declaraciones? ¿Cómo debemos entender la frase "como en los días de Noé"?

Algunos autores quieren ver más de lo que los textos señalan claramente. Comer y beber, o casarse, no tiene ninguna connotación negativa. No tiene nada de malo. Esas declaraciones son modismos (una forma de decir las cosas) que tienen como objetivo que entendamos que ellos estaban enfrascados en lo que comúnmente hacían.

En fin: "La gente no sabía lo que pasaba, hasta el momento en que llegó el diluvio y todos se ahogaron. Algo así pasará cuando yo, el Hijo del hombre, venga otra vez" (Mat. 24:39 TLA). ¿En qué se relaciona la segunda venida con los días de Noé? Simplemente, las personas estarán atareadas en sus quehaceres (comer y beber, compromisos sociales como casarse, etc.) cotidianos; de modo que, así como el diluvio sorprendió a los antediluvianos, la venida de Jesús los sorprenderá. El énfasis está en la idea que la gente "no sabía lo que pasaba". ¿Por qué no sabían?

Estaban más ocupados en sus problemas que en las cosas espirituales.

Lo curioso es que en los días de Noé estas personas incrédulas no creyeron en las palabras del profeta que anunciaba el fin. Siendo que este discurso se lo dio Jesús exclusivamente a los discípulos, y esta es la audiencia original, entonces sus palabras son aún más peligrosas. En estos tiempos seremos los cristianos los que estaremos envueltos en quehaceres cotidianos. Es a nosotros que nos advierten que, el día a día nos absorberá el tiempo. ¡La segunda venida nos puede sorprender!

Las dos mujeres, el padre de familia y el siervo

Todas estas narrativas están haciendo referencia al mismo hecho: No se sabe el tiempo de la venida. No significa que de momento se llevarán a alguien de tu lado. El punto no es ese. La idea central es que no podemos saber cuando viene Cristo. Jesús siempre explica lo que significan sus parábolas en su discurso. No debemos irnos por otro camino. Noten la sentencia al final de cada parábola: "Por eso, estén siempre alerta, pues ustedes no saben el día en que yo, su Señor, vendré otra vez" (Mat. 24:42 TLA); "llegaré cuando menos lo esperen" (Mat. 24:44 TLA); "en el día y la hora en que el sirviente menos lo espere" (Mat. 24:50 TLA). Esas conclusiones al final deben regir la interpretación.

Las vírgenes

"Unas eran prudentes y las otras insensatas" (Mat. 25:2 RVR): Así describe el autor a las muchachas de la fiesta de boda. Lo que más llama la atención es las diferentes traducciones para la descripción. Entre las más conocidas: descuidadas-responsables (TLA) y sabias-necias (NTV). Si podemos sacar algo de estas traducciones, es que la prudencia es sinónimo de responsabilidad. Eso, a su vez, te lleva a la sabiduría. En sentido contrario, la insensatez viene asociada con ser descuidado y, como resultado, esto conduce a la necedad. Este hecho nos lleva, en el contexto de esta parábola escatológica, a remarcar como deben comportarse los hijos de Dios en esta época final.

En las parábolas de Jesús siempre se está haciendo alusión a dos actitudes, a dos grupos de individuos. El "tema de una separación entre los buenos y los malos es algo que figura en las parábolas en Mateo 24-25. Incluso, en el relato del juicio de las naciones (Mat. 15:31-46) aparece el mismo tema. Debe ser obvio que la concatenación de las parábolas con temas similares en el Evangelio de Mateo no es por casualidad".[5] Miremos este concepto en los evangelios:

- ✓ a un jornalero, un comerciante (Mt. 13, 44-46).
- ✓ a un hijo menor, el hijo mayor (Lc. 15, 11-32).
- ✓ a un juez, una viuda (Lc. 18, 1-8).
- ✓ a un fariseo, un publicano (Lc. 18, 10-14).
- ✓ a un hijo obediente, un hijo desobediente (Mt. 21, 28-31).[6]

---

[5] Roberto Fricke, *Las parábolas de Jesús: Una aplicación para hoy* (Colombia: Mundo Hispano, 2005), 115.

[6] Gerhard Lohfink, *Las cuarenta parábolas de Jesús*, trad. Roberto H. Bernet (España: Verbo Divino, 2021), 180.

En sentido general, esta es una parábola muy extraña. En otras, contadas por el mismo Jesús, los protagonistas son muy propios del lugar de donde se extrae la imagen para la parábola. Sin embargo, aquí: la novia no es la protagonista, el centro de la historia son unas muchachas tontas, no se cuenta que pasó al final cuando llegaron a la fiesta, unas jóvenes no comparten con sus amigas, etc. Esto nos advierte, desde el punto de vista de la interpretación, que el propósito no es la novia, ni entender que pasará cuando comience la fiesta, ni criticar que se durmieron, ni reprochar la actitud de las jóvenes al no compartir. Estas pueden ser ideas que se desprenden del texto, pero no marcan la intencionalidad de la parábola.

Entonces, se puede decir, sin lugar a dudas, que "son las diez vírgenes, juntamente con el novio, los que ocupan el lugar de atracción central. Llama la atención que son las cinco doncellas "insensatas" las que son el eje central alrededor del cual gira la parábola".[7] Sobre la aceptación de la parábola, explica Lohfink:

Esta parábola ha sido mal recibida en las últimas décadas. No solo por los predicadores que arremetieron contra el texto con consignas humanísticas, sino también por una serie de exégetas neotestamentarios. ¿No es hiriente el «no las conozco» del esposo? ¿Por qué cerrarles la puerta en las narices a unas pobres muchachas que sufrieron un contratiempo? ¿Dónde han quedado el humor y la generosidad? ¿No es incluso absurdo y chocante este fiero gesto del esposo? Más aún: ¿no está actuando este esposo como aquellos de quienes Jesús dice: «¡Ay de ustedes, escribas y fariseos hipócritas, que cierran a los hombres el reino

[7] Fricke, *Las parábolas de Jesús*, 117.

de los cielos!» (Mt 23,13)? Estas preguntas u otras semejantes se leen o escuchan cada vez con más frecuencia en la actualidad.[8]

Cuando miramos el texto desde una perspectiva, una ideología o una cosmovisión ajena a la intención del autor, entonces llegamos a deformar el mensaje. Volvemos al mismo punto, los cristianos conservadores han distorsionado el mensaje por la alegorización. Por otro lado, los progresistas han denigrado la historia por su apego a "ideologías cuestionables". Dice Jeremías sobre este tema:

¿Cómo se debe interpretar esta parábola? ¿Cuál es su énfasis principal? Desgraciadamente, la misma naturaleza de la parábola se ha prestado para que reciba toda clase de interpretación alegórica. Este ha sido el caso desde el tiempo de la iglesia primitiva hasta la actualidad. Se ha observado anteriormente cómo la alegorización disparatada sólo conduce a la comisión de una injusticia contra la misma enseñanza de Jesús. Lo más usual dentro del proceso de la alegorización es que a Jesús se le identifique con el novio; los intérpretes que alegorizan la parábola a las diez vírgenes las hacen figuras de la iglesia. Otras "figuras" son: las lámparas son buenas obras, el aceite es el Espíritu Santo, el grito "¡He aquí el novio!" (v. 6) representa el sonido de trompeta cuando la segunda venida de Cristo. Debe ser claro que una alegorización desenfrenada sólo es producto de la vívida imaginación de los intérpretes.[9]

Entonces, ¿cuál es la enseñanza que Jesús quería trasmitir? Podemos decir, basándonos en el énfasis que

---

[8] Lohfink, *Las cuarenta parábolas de Jesús*, 180-181.
[9] Fricke, *Las parábolas de Jesús*, 118.

vienen teniendo las parábolas, y de la conclusión al final de cada narración, que desde "el principio de la historia, sobresale la idea de la urgente necesidad de prepararse. Juntamente con esta idea se da otra también: la de ignorancia respecto a la hora exacta del regreso del novio y lo repentino de éste. La combinación de estos dos conceptos a la larga nos va a reflejar el propósito de la parábola dentro del ministerio de Jesús".[10] Por tanto, "en vez de centrarnos en los detalles de la parábola, debemos procurar ver la idea central que Jesús quería dejar: la necesidad de estar preparados para su retorno".[11] Argumenta Fricke:

> Hay que notar que todas las vírgenes se durmieron; éste no era el problema. Era natural que las diez se cansaran, dada la larga espera. Según la parábola, lo problemático era que cinco de las muchachas no tuvieron la previsión de abastecerse de aceite suficiente para participar en la procesión matrimonial hacia el hogar del novio.[12]

Los talentos y el juicio de las naciones

Si bien las parábolas anteriores están matizadas por la idea de estar alerta, en expectativa, después de la narración sobre la fiesta de bodas vemos un giro radical. La idea no es estar atentos a las señales de los tiempos, solamente. Esto de estar atentos a la profecía es muy alentador para los amantes del estudio, pero, felizmente, las parábolas no terminan ahí.

---

[10] Fricke, *Las parábolas de Jesús*, 115.
[11] Fricke, *Las parábolas de Jesús*, 118.
[12] Fricke, *Las parábolas de Jesús*, 117.

Con la parábola de los siervos se introduce un concepto diferente. No es solo mirar los tiempos, es hacer, actuar, negociar, multiplicar los talentos. Lo que Dios ha depositado en nuestras manos tiene que, cuando el regrese, estar multiplicado. Aquí está el giro radical: ¡Mira los tiempos y vive en consecuencia!

Es por eso que tenemos un juicio de las naciones. Este juicio es el clímax de todas estas parábolas. De manera gráfica, se ve a todos conglomerados delante del Señor. Ahí están todos los siervos de Dios. Pero, lo interesante, es que el juicio llama la atención hacia el modo en que tu cristianismo se manifestó.

No están preguntando cuantas veces fuiste a la iglesia, ni que cantidad de años bíblicos hiciste. La idea es, ¿de qué modo ayudaste a las personas? Si los ejercicios espirituales como orar y estudiar no cobran significado en la práctica, algo anda mal. Sobre esto alertó Santiago cuando expresó que: "la religión pura y sin mácula delante de Dios el padre es esta, visitar a los huérfanos y a las viudas en sus tribulaciones, y guardarse sin mancha del mundo" (Stg. 1:27 RVR).

Análisis general de las parábolas

En realidad, las parábolas están conectadas entre sí. No son narraciones aisladas, sino que las conclusiones de una dan paso al desarrollo de la otra. De esta manera, se construye una pieza literaria que concluye con el juicio de las naciones, clímax de las parábolas.

Comienza Jesús con una declaración sobre los días de Noé y concluye, esta parábola escatológica, con la advertencia de que así será también la venida (v. 39). Esta declaración de cierre, a su vez, da la oportunidad de ejemplificar como será el asunto de la venida. Asimismo, se habla de que dos estarán en el campo, esto da a entender la selección. Podemos ver como la conclusión de una parábola da paso a la narración de la otra. Sigamos.

De esta manera cierra con la idea de que no sabemos sobre la hora de la venida. Este asunto de la hora, crea la oportunidad de ilustrarlo mediante la historia del padre de familia (v. 43-44). Así, se concatena la advertencia a estar preparado (v. 44) con la narrativa del siervo (v. 45-51) que muestra que el periodo de espera es para realizar una obra en favor de la humanidad. Esta termina con una escena de lloro y crujir de diente (v. 51) que forma la base para la parábola de la fiesta de boda (v. 11-12).

Finalmente, la advertencia sobre el día y la hora (v. 13) se amplía en la parábola de los talentos que nos enseña a que la espera no es de inactividad. En ese mismo escenario termina hablando del siervo inútil. Esta narración, por su parte, se conecta con el juicio de las naciones. Es allí donde se ve a gran escala las repercusiones de haber sido un buen o mal siervo.

Conclusión

Las parábolas tienen como objetivo poner de relieve las dificultades que debían pasar los discípulos. Pero, desde el verso 36, tenemos un giro hacia un escenario escatológico. Es decir, las parábolas que se van a exponer, de ahí en adelante, tienen la intención de amonestar a los que vivimos en el final de los tiempos. La tónica principal es a estar alertas (Mat. 24:37, 42 y 44), a no desmayar en la fe

(Mat. 24:46) y a hacer de la espera un periodo de actividad misionera (Mat. 24:45-51; 25:14-46).

Bibliografía

Fricke, Roberto. *Las parábolas de Jesús: Una aplicación para hoy*. Colombia: Mundo Hispano, 2005.

Jeremías, Joachim. *Interpretación de las parábolas*. Traducido por Francisco Javier Calvo. Sevilla, España: Verbo Divino, 1971.

Lohfink, Gerhard. *Las cuarenta parábolas de Jesús*. Traducido por Roberto H. Bernet. España: Verbo Divino, 2021.

Tom Shepherd, "Interpretación de los símbolos, las alegorías y las parábolas de la Biblia". En *Entender las Sagradas Escrituras: El enfoque adventista*, editado por George W. Reid, 287-288. Florida: APIA, 2009.

W. Manson, T. *The Teaching of Jesus. Studies in its Form and Content*. Inglaterra: Cambridge University Press, 1935.

Capítulo VIII: Hacia un cumplimiento doble

Introducción

Hasta aquí hemos brindado un panorama general de la profecía. La explicación que se ha dado muestra la intención básica que Jesús tenía al exponer los acontecimientos que preocupaban a los discípulos. Sin embargo, los adventistas explican que, la abominación también es la supremacía papal, y la tribulación se cumple en la Edad Media, en muchos de sus escritos. ¿Cómo encajar estas ideas dentro de la explicación que se ha realizado hasta aquí? En este capítulo responderemos esta inquietud.

La perspectiva de Elena White

Elena White comienza el libro *El Conflicto de los siglos* comentando el sermón de Jesús. Explica que el destino de Israel era un símbolo del fin de la historia de la humanidad:

> Los discípulos se habían llenado de asombro y hasta de temor al oír las predicciones de Cristo respecto de la destrucción del templo, y deseaban entender de un modo más completo el significado de sus palabras. Durante más de cuarenta años se habían prodigado riquezas, trabajo y arte arquitectónico para enaltecer los esplendores y la grandeza de aquel templo. Herodes el Grande y hasta el mismo emperador del mundo contribuyeron con los tesoros de los judíos y con las riquezas romanas a engrandecer la magnificencia del hermoso edificio. Con este

objeto habíanse importado de Roma enormes bloques de preciado mármol, de tamaño casi fabuloso, a los cuales los discípulos llamaron la atención del Maestro, diciéndole: "Mira qué piedras, y qué edificios". Marcos 13:1.

Pero Jesús contestó con estas solemnes y sorprendentes palabras: "De cierto os digo, que no será dejada aquí piedra sobre piedra, que no sea destruida". Mateo 24:2. Los discípulos creyeron que la destrucción de Jerusalén coincidiría con los sucesos de la venida personal de Cristo revestido de gloria temporal para ocupar el trono de un imperio universal, para castigar a los judíos impenitentes y libertar a la nación del yugo romano. Cristo les había anunciado que volvería, y por eso al oírle predecir los juicios que amenazaban a Jerusalén, se figuraron que ambas cosas sucederían al mismo tiempo y, al reunirse en derredor del Señor en el Monte de los Olivos, le preguntaron: "¿Cuándo serán estas cosas, y qué señal habrá de tu venida, y del fin del mundo?" Mateo 24:3.

Lo porvenir les era misericordiosamente velado a los discípulos. De haber visto con toda claridad esos dos terribles acontecimientos futuros: los sufrimientos del Redentor y su muerte, y la destrucción del templo y de la ciudad, los discípulos hubieran sido abrumados por el miedo y el dolor. Cristo les dio un bosquejo de los sucesos culminantes que habrían de desarrollarse antes de la consumación de los tiempos. Sus palabras no fueron entendidas plenamente entonces, pero su significado iba a aclararse a medida que su pueblo necesitase la instrucción contenida en esas palabras. La profecía del Señor entrañaba un doble significado: al par que anunciaba la ruina de Jerusalén presagiaba también los horrores del gran día final.[1]

---

[1] Elena G. de White, *El Conflicto de los Siglos* (Bogotá, Colombia: APIA, 2007), 24-25.

La mayoría de los intérpretes adventistas han tomado literalmente la última expresión de ese texto ("La profecía del Señor entrañaba un doble significado: al par que anunciaba la ruina de Jerusalén presagiaba también los horrores del gran día final".) y la han convertido en una presuposición a la hora de interpretar. Ellos entienden que Cristo explicó dos situaciones (fin del templo-fin del mundo) en una sola narración. En otras palabras, disimuló la destrucción del templo con lo que ocurriría en el fin del mundo.

Usted se puede encontrar con varios comentarios que, al adoptar esa postura, explican que el sermón de Jesús es único, pues no responde completamente a la profecía clásica ni a la apocalíptica. El sermón es una especie de discurso híbrido que rompe con ambos modelos. Sin embargo, cuando adoptamos la idea que el discurso es una profecía clásica, todos los problemas se vienen abajo.

La pregunta sería, ¿tiene fundamento bíblico esa interpretación? La posición de White solo tiene sentido dentro del marco de la profecía clásica. La apocalíptica desconoce los cumplimientos dobles. Argumentar que, estamos frente a una profecía apocalíptica, y que White tiene razón para afirmar lo anteriormente expuesto (dos cumplimientos), es una contradicción.

La profecía clásica, por su parte, permite otros cumplimientos. Si bien, dichos cumplimientos, no tienen que consumar al detalle la profecía. Una mirada a Joel 2:28 revela que el 60% de lo dicho por el profeta no se cumplió cuando se derramó el Espíritu (ver las señales en los astros). Eso debe llamar la atención hacia un cumplimiento, más bien, "en esencia".

Jesús organizó su exposición de ese modo, con el objetivo que respondiera tanto al cumplimiento total como al parcial. Esto nos lleva a preguntarnos, siendo que es clásica esta profecía: ¿Cuál es el otro cumplimiento?

El cumplimiento doble del sermón profético

Ahora, tomando en cuenta lo explicado, debemos ver el otro cumplimiento de la profecía. Notaremos que, en realidad, hay tres conceptos que nos llevan a considerar la posibilidad de un cumplimiento dual. Estamos hablando de la abominación desoladora, la gran tribulación y las señales de los astros. Veremos como estos conceptos se entrelazan en el discurso de Jesús.

La abominación desoladora

Desde la perspectiva histórica la abominación desoladora debe ser entendida como los ejércitos romanos destruyendo el templo. Llama la atención que el concepto de la abominación se vuelve a repetir en el libro de Daniel. Este ya no era un ataque dirigido al templo terrenal, sino al celestial. El ataque dirigido al templo llega a tener un cumplimiento total en el modo en que la Iglesia Católica asume prerrogativas sacerdotales y entenebrece el ministerio de Cristo en el santuario celestial. Textos como los capítulos 7, 8 y 11 de Daniel fundamentan esto.

Podemos decir que, en las profecías de Daniel, Roma tiene una fase cristiana y una pagana. Daniel explica que en ambas fases Roma impondría una abominación. En su dimensión pagana destruyó el templo. En su dimensión cristiana (papal), "ataca al Santuario celestial, quitando el ministerio intercesor continuo del Mesías (el tamid) y estableciendo la "abominación desoladora" (11:31)".[2] Pero, ¿que entendemos concretamente por abominación desoladora? Pfandl explica:

> La frase "abominación desoladora" encontrada en Mateo 24:15 es prestada del libro de Daniel donde esta frase, o sus variantes, aparecen tres veces: 9:27; 11:31 y 12:11. En la LXX, versión griega del AT, estos tres pasajes son casi palabra por palabra lo mismo. Sin embargo, Jesús en Mateo 24:15 se refiere a Daniel 9:27, porque sólo allí se encuentra en un contexto que habla de la destrucción de la ciudad de Jerusalén. Los romanos el año 70 d. C. destruyeron Jerusalén, quemaron el templo, y en el año 130 d. C. levantaron un templo a Júpiter en su lugar.[3]

Sobre la base de este criterio, podemos afirmar que el cuerno pequeño, o el papado, tendría un papel que jugar. Mateo 24:15 tiene, por tanto, dos cumplimientos. Estos cumplimientos responden a dos fases de Roma que se reflejan en el libro de Daniel e impactan el discurso profético de Jesús.

La gran tribulación

Si Mateo 24:15 se cumplió también con el levantamiento de la supremacía papal, ya que es clásica la

---

[2] Merling Alomía, "El mensaje del Santuario", en *Profecías del libro de Daniel*, ed. Mario Riveros Echeverry (Perú: Universidad Peruana Unión, 2011), 144.

[3] Gerhard Pfandl, "Interpretación de Daniel 11", en *Profecías del libro de Daniel*, ed. Mario Riveros Echeverry (Perú: Universidad Peruana Unión, 2011), 159-160.

profecía, entonces la gran tribulación del versículo 21 (que es la tribulación final) tiene un cumplimiento parcial en la tribulación de la Edad Media. Históricamente, con el levantamiento del sistema papal, se inicia también un periodo de persecución de 1260 años (Dan. 7:25). Este periodo, comienza en 538 d. C. y culmina en 1798 d. C. Por tanto, el versículo 21 pudo haberse cumplido parcialmente en esta etapa, si consideramos la historia.

Este hecho ha confundido a los investigadores ya que han visto en el cumplimiento parcial (los 1260 años de persecución) como el verdadero cumplimiento de la profecía. Esa interpretación, por supuesto, está errada. Para argumentar a favor de un cumplimiento en la Edad Media, hay que primero encontrar conexiones entre los textos que hablan de los 1260 años de persecución (como Daniel 7:25) y Mateo 24:21. No se trata de ir solo a la historia, en este caso, para comprobar que hubo una persecución. Tiene que existir apoyo bíblico que sugiera que es legítimo buscar esa interpretación en la historia secular. De no existir el fundamento bíblico, entonces es cuestionable la interpretación.

Las señales en los astros

Las señales en los astros se cumplen totalmente cuando Jesús viene, según lo que hemos explicado en capítulos anteriores. Pero, no podemos olvidarnos que, en 1780 y en 1833 el mundo experimentó estas señales de forma consecutiva. Esto nos demuestra que, las señales que acompañarán a Jesús, se cumplieron también de modo parcial. Pero, debemos recordar que tendrán un cumplimiento total al final de la historia de este mundo.

Tabla # 6: Los dos cumplimientos del discurso profético

Señales	Cumplimiento	Cumplimiento
Destrucción del Templo.	Ejércitos romanos.	Supremacía papal.
Gran tribulación.	Escatológico.	Persecución papal.
Señales en los astros.	Escatológico.	Oscurecimiento del sol, la luna y la lluvia de estrellas (1780, 1833).

Conclusión

A través de nuestra investigación hemos apreciado que nos encontramos frente a una profecía clásica que está estructurada sobre la base de tres preguntas. Además de esto, vemos que la profecía tiene dos cumplimientos. Esto nos indica que la interpretación adventista se puede sostener solo si se adopta la postura de la profecía clásica y si esta se lleva a su conclusión natural. La descripción de White también es acertada, y se puede entender mejor cuando se adopta el modelo clásico. Si se rompe esto, los fragmentos no se pueden volver a juntar. La profecía clásica es el marco en que se debe montar el discurso profético.

Bibliografía

Alomía, Merling. “El mensaje del Santuario”. En *Profecías del libro de Daniel*, editado por Mario Riveros Echeverry, 144. Perú: Universidad Peruana Unión, 2011.

de White, Elena G. *El Conflicto de los Siglos*. Bogotá, Colombia: APIA, 2007.

Pfandl, Gerhard. “Interpretación de Daniel 11”. En *Profecías del libro de Daniel*, editado por Mario Riveros Echeverry, 160. Perú: Universidad Peruana Unión, 2011.

Conclusiones

Generalmente, cuando uno lee, o escucha, el primer comentario de algún autor, o predicador, sobre el discurso profético de Jesús, esa información es el marco de referencia con que se juzga todas las otras interpretaciones. Nos sentimos tan cómodos con nuestra postura que, pocas veces, evaluamos con detenimiento nuestro punto de vista. Esto es una realidad en la interpretación, como en todos los aspectos de la vida del ser humano.

En este comentario hemos roto con muchas ideas acariciadas, pero no solo hemos roto, sino que nos detuvimos a analizar las bases que modelan los diferentes puntos de vista. Esto era necesario para poder proponer, no una respuesta alternativa a la interpretación tradicional, sino una base sólida que sostuviera de manera coherente lo que siempre hemos creído sobre estos capítulos.

¿Cuáles fueron las ideas acariciadas que se rompieron? La primera idea popular que tuvimos que confrontar fue que los discípulos hicieron dos preguntas. Esto se vino abajo ya que la respuesta de Jesús es triple, y se puede ver de manera sencilla en el texto.

Otra idea acariciada fue el concepto tomado de White que asegura que la destrucción de Jerusalén prefiguraba el fin del mundo. De la cita de White se creó una presuposición que llevó a los autores a adoptar la postura de las dos preguntas.[1] El razonamiento era el siguiente, si

[1] No decimos que White estaba equivocada, sino el error de los autores fue no ver que era una profecía clásica.

la destrucción del templo prefigura el fin del mundo, entonces son solo dos preguntas. Es tan fuerte esta presuposición que, aun los que sostienen que hay tres preguntas, mantienen la idea, en la práctica, de ver dos eventos (fin del templo-fin del mundo).

La otra idea consideraba el discurso de Jesús como una profecía apocalíptica, mientras que, otros, la consideraban clásica. Pero ambos grupos tenían problemas en sus interpretaciones. Los que procuran ver el discurso como apocalíptico, se contradicen al aceptar dobles cumplimientos, pues esto es ajeno a la apocalíptica. Por otro lado, los que aceptan que están frente a una profecía clásica, no ven como se relaciona esto con los cumplimientos dobles. Mantienen una unidad (fin del templo-fin del mundo) sobre la base de su interpretación del comentario de White.

En síntesis, los autores estudiados tenían, a nuestro juicio, aciertos y errores. Aunque buscaban avanzar en la interpretación del discurso, arrastraron errores que impactaron su modo de abordar la profecía. Por esto, esta investigación tenía como objetivo aunar los aciertos y desechar los conceptos que creíamos no estaban ajustados a la naturaleza de esta profecía. Entonces, ¿cuáles son los principales hallazgos de este estudio?

Descubrimos que la profecía estaba estructurada sobre la base de tres preguntas. Mateo utilizó una estructura de quiasmo para darle unidad a su exposición, destacando, en el centro, la destrucción de Jerusalén.

No solo esto, vimos que la profecía es clásica. Hay un salto del año 70 d. C. a la gran tribulación final. Este movimiento es propio de este tipo de profecía. Aunque algunos habían visto esta profecía como clásica, no se dieron cuenta como esto se relacionaba con los dobles cumplimientos y, por ende, con la declaración de White. La postura de esos autores, aunque con grandes aportes, no lograba llevar su idea a su conclusión final. No veían el cumplimiento doble por ser una profecía clásica, sino por medio de la tipología que basaban en la cita White.

Apoyado en los descubrimientos anteriores, explicamos que la destrucción del templo tiene un doble cumplimiento. También que la gran tribulación es la final, no la de la Edad Media, aunque notamos que tuvo un cumplimiento parcial. Además, que las señales en los astros acompañan la segunda venida, ese es su cumplimiento total; pero también se cumplió parcialmente (1780-1833).

Sabemos que se han propuesto, y se seguirán proponiendo teorías, para interpretar correctamente este sermón profético. En ningún modo decimos que tenemos la última palabra sobre este tema. Pero aseguramos que esta puede ser una propuesta digna de análisis. El tiempo en que estamos viviendo es favorable para que el pueblo de Dios continúe meditando en estos versos que representan un desafío para cualquier estudioso de las profecías. Aseguramos que estamos muy cerca de conocer plenamente secciones escatológicas que nos estaban vedadas. Por tanto, no dejemos de investigar.

Estamos agradecidos con todos los comentaristas que han tratado de descifrar la profecía estudiada. Cada uno de ellos hizo aportes invaluables. Nos sentimos deudores de la luz que el Señor arrojó por medio de sus investigaciones. El gran aporte de esta obra, no fue la originalidad de una explicación alternativa. El aporte, fue identificar esta profecía como clásica y llevar esta premisa a sus últimas consecuencias. Sobre esta base se edificó la investigación. Creemos que, al adoptar esta postura, la interpretación tradicional adventista puede ser mejor defendida.

Printed by Books on Demand GmbH, Norderstedt / Germany